Θηβαι,
Fhe

Ⓒ

ō Ἀνσευσεη

VOYAGE

EN

ORIENT.

VOYAGE
EN ORIENT,

OU

TABLEAU fidèle des Mœurs, du Commerce de toute espèce, des Intrigues, des Filouteries, des Amours particulières, des Productions générales, etc., de différens Peuples du Levant.

Par M. A. B. D***, qui, pendant quarante ans, a séjourné ou voyagé dans ces contrées, tart pour M. *Peyssonnel*, que pour son propre commerce, son instruction et ses plaisirs.

Il est plus aisé de dénigrer les Orientaux que de les connoître.

A PARIS

Au Bureau de l'Armée littéraire, rue St. Jacques, n°. 51, au-dessus de la place Cambrai.

Et chez { OBRÉ, rue Mignon, n.° 1.
         { MARET, passage St. Guillaume, n.° 16.

AN IX. (1801).

PRÉFACE.

DEPUIS quelque temps, la France littéraire offre une quantité prodigieuse de Voyages, et ne présente cependant qu'un très-petit nombre de Voyageurs. S'il existe des plagiaires, des compilateurs ou plutôt des copistes, c'est surtout dans cette partie, dont l'objet et les détails ne laissent pas que d'inspirer un intérêt plus ou moins grand, en raison des talens de l'Ecrivain. Des Ouvrages de cette nature peuvent plaire; mais il est rare qu'ils instruisent: ce sont toujours le même caractère des peuples, les mêmes usages, les mêmes lois, les mêmes mœurs; en un mot, c'est toujours le même voyageur: de-là vient qu'on fait, pour ainsi dire, marcher au galop l'Histoire des Nations, sans qu'elle fasse un pas.

J'ai lu tout ce que nos Voyageurs vrais ou supposés ont publié sur la Turquie; loin d'en être pleinement satisfait en leurs écrits, j'ai constamment trouvé le Français, rarement le Turc. Un séjour de

trente-deux ans dans les divers pays sou-
mis à la Porte-Ottomane, une correspon-
dance continuelle avec mon ami *Peyssonnel*, des aventures personnelles et des
observations qui n'ont encore été com-
muniquées à personne, m'ont mis à même
de donner des notions exactes sur le
caractère et notamment sur les mœurs
privées d'un peuple qu'il est bien plus
aisé de dénigrer que de connoître.

Le sujet et le style de cet Ouvrage
sont plutôt d'un Amateur que d'un Phi-
losophe. A vingt-cinq ans, avec de la
fortune et dans le feu des passions, on
ne voyage pas comme à soixante.

VOYAGE EN ORIENT.

CHAPITRE PREMIER

Arrivée du Voyageur à Sour. Description de ce village et de ses environs. Commis des négocians français aux îles du Levant.

J'ÉTOIS jeune encore, lorsqu'un motif d'intérêt me fit entreprendre un voyage au Levant. Je partis de Marseille, sur la polacre *Lamarée*, commandée par le capitaine Lombard, de la Ciotat, dans le dessein d'aller à Sour, chercher des marchandises asiatiques.

Après une traversée de vingt-cinq jours, nous abordâmes à ce village, si l'on peut appeler ainsi trois maisons qui s'élèvent tristement au milieu des vastes et profondes ruines de l'ancienne Tyr. Trois chaumières ont remplacé cette ville immense, dont la nombreuse population avoit suffi pour peupler celles de Biserte, de Tripoli, et même de Carthage. Au lieu de cette multitude innombrable d'hommes qui habitoient ce séjour florissant, on ne trouve plus qu'une solitude muète, qui sert de retraite à quelques pêcheurs, restes déplorables de la conquête et de la destruction du sultan des Mamelucs d'Egypte (1).

Sour, dont le nom seul inspire et retrace quelque chose de lugubre, présente néanmoins, au premier aspect, l'image d'une beauté morte depuis plusieurs siècles, mais dont les ossemens, épars et grands, ont bravé l'injure des temps et le goût destructeur des Arabes.

Parmi les débris des palais, des colonnes, des pyramides cachés dans le sein de la terre sur laquelle ils furent construits et élevés, on remarque encore les restes d'un aqueduc qui portoit l'eau depuis la terre ferme jusque dans l'île : sa longueur est de deux de nos lieues. Il est maintenant cristallisé, et ne forme plus qu'une masse de pierres dans toute son étendue, qui aboutit à un puits dit de *Salomon*, excepté cependant quelques affaissemens qu'on voit de loin en loin.

J'observai que les fondemens des colonnes qui soutenoient l'aqueduc, avoient été bâtis à chaux et à sable, ainsi qu'on peut en juger par les lits de pierres qui subsistent encore, et qui

---

(1) Les habitans de Tyr, pour éviter la tyrannie atroce que les Turcs avoient exercée à St.-Jean-d'Acre, montèrent sur leurs vaisseaux et abandonnèrent la ville qui fut rasée de fond en comble.

se sont conservés jusqu'à trois pieds de hauteur sans être cristallisés.

Le puits de Salomon est à deux lieues du village ; ses habitans sont obligés d'en faire le chemin, pour avoir de l'eau potable, et la font porter par des chameaux. Ce puits n'est point profond, mais il est large, son eau est claire et d'une excellente qualité ; aussi nourrit-elle une prodigieuse quantité de carpes, dont quelques-unes sont d'une grandeur démesurée. Ce poisson ne se cache pas aux yeux de ceux qui puisent de l'eau ; bien loin de paroître sauvage et craintif, il montre de la familiarité ; il n'en échappe pas moins aux appâts qu'on lui présente et aux embuches qu'on lui dresse : cette eau a aussi la vertu de cristalliser les pierres à travers lesquelles elle filtre.

On pêche à Sour une sorte de poisson à coquille, en forme d'huître, mais d'une forme oblongue, d'un pied de longueur et de six pouces de largeur. Sa coquille est lisse et comme argentée ; de-là vient qu'on l'appelle nacre de perle. Le poisson qu'elle renferme est bon à manger ; un ou deux suffisent pour le repas d'un homme : la manière de les apprêter est de les faire cuire sur la braise, lentement ; ensuite on les assaisonne avec de l'huile d'olive et du poivre. Ce mets est délicat et nourrissant ; mais ce qui le rend quelquefois plus délicieux, c'est que souvent ces nacres renferment des perles très-fines.

C'est au port de Sour que débarquent les Grecs et les Juifs qui vont en pélerinage à Jérusalem; tous les ans ils se rendent dans cette ville par caravanes, montés d'ordinaire sur des chameaux qu'ils prennent à Séyde. On voit par-là que la superstition a étendu son empire jusque dans ces contrées lointaines, et que le vandalisme des conquérans a tout bouleversé, tout dénaturé, tout anéanti. Au lieu de ce rassemblement d'hommes actifs, industrieux qui, de tous les pays connus, appeloient la fortune, et rendoient la capitale de la Phénicie l'une des premières villes du monde, on ne voit plus qu'un vil ramas de pieux fainéans, dont le pélerinage est moins un acte de dévotion qu'une ressource honteuse pour la mendicité.

Trois mois furent consacrés à former notre chargement tant en laine qu'en coton brut, qui est celui dont se servent les Suisses pour faire la mousseline. Ces marchandises nous étoient apportées de Seyde, autrefois *Sidon*, par des négocians français établis en cette ville, pour dix ans seulement, d'après une disposition expresse du privilége du roi, qui n'accordoit que ce temps de résidence dans les Echelles du

Levant. Ces négocians n'étoient, à proprement parler, que les commis des véritables négocians de Marseille, qui seuls jouissoient du droit exclusif de faire le commerce du Levant. Cette commission étoit donnée en récompense à ceux qui, pendant plusieurs années, avoient rendu des services aux comptoirs pour les relations commerciales extérieures.

Au bout de ce laps de temps, c'est-à-dire à l'expiration des dix années, ces commis étoient obligés de rentrer en France, mais ils avoient fait leur fortune, du moins ils avoient été à portée de la faire plus ou moins grande, par un intérêt qu'ils avoient, tant sur l'importation des marchandises françaises au Levant, que sur l'exportation de celles du Levant en France.

CHAPITRE II.

Tableau général de l'île de Chypre : arrivée
à celle de Malte.

Notre chargement étoit achevé, et nous étions sur le point de partir de Sour, quand nous y vîmes arriver un bateau chargé de tabac; il venoit d'un port voisin, qu'on nomme *Lata-quié*, dont le territoire, propre à sa culture, en produit une grande quantité. Sa bonté égale au moins celui de Virginie. Il ne se vend, sur les lieux, que dix parats l'ocque (1). Chacun de nous s'en pourvut abondamment, ensuite nous partîmes pour Marseille; nous relâchâmes à l'île de Chypre, pour y faire nos provisions: sa principale ville est sur le port: elle est assez considérable.

Cette île est remplie de villages habités par des Turcs et par des Grecs; ce sont ces derniers qui cultivent ces vignes fécondes, dont le vin est si renommé. Ils sont, la plus grande partie, vignerons et marchands de vin, surtout ceux qui occupent un bourg distant de la ville d'en-

_____

(1) Le parat vaut cinq centimes de France : l'ocque du Levant pèse trois de nos livres.

viron une demi-lieue. Outre ce commerce, les
habitans de Chypre en font encore un très-
étendu et très-considérable, de vitriol et de
coton. Ce coton est le plus estimé, par conséquent le plus cher de tout le Levant : l'air y est
salubre, le ciel pur, le sol en est fertile; ses productions son abondantes et à très-bon marché.

Nous restâmes quinze jours dans cette île
fortunée, et de-là nous fîmes voile pour celle
de Malte, dans laquelle nous abordâmes après
quinze jours de navigation. Nous y séjournâmes pour réparer un accident arrivé à notre
vaisseau que nous fûmes sur le point de perdre
et qui faillit nous coûter la vie.

On a coutume, pendant les grandes chaleurs,
d'arroser le tillac, le gaillard de devant et le
pont; soit négligence, soit oubli, on n'avoit
point calfaté le bâtiment avant que de partir
de Sour; on eut l'imprudence de l'arroser : l'eau
pénétra dans le vaisseau, mouilla la laine qui
mit aussitôt le feu à la cargaison. Notre premier soin fut de boucher toutes les issues et toutes les ouvertures, pour empêcher ou retarder
au moins l'explosion du vaisseau. Nous étions
au moment de voir notre bâtiment en proie aux
flammes; mais à force de ramer et de calfater,
nous abordâmes enfin au port de Malte.

Les habitans de cette île, témoins de notre détresse, coururent vers nous et s'empressèrent de nous donner des secours : on ouvrit les écoutilles avec beaucoup de précaution, de peur de donner trop d'air à-la-fois et d'exposer le bâtiment à être consumé entièrement ; on parvint à le sauver, mais l'avarie fut estimée aux trois quarts de perte. Le besoin de réparer notre vaisseau et de tout mettre en ordre, nous força de rester un an dans cette île. On connoît les mœurs, les usages de ses habitans ; on distingue dans toutes les occasions les marques du caractère que la nature leur a donné ; cela ne m'empêcha pas de faire à cet égard beaucoup d'observations.

Les Maltais ne tiennent point aux usages des Italiens ; ils ne sont pas comme eux susceptibles de jalousie. Livrés assez généralement à la pêche, employés aux galères et aux vaisseaux de guerre, ils laissent aux chevaliers un champ libre auprès de leurs femmes et de leurs filles.

Les Maltaises, lorsqu'elles sortent pour des affaires personnelles, sont voilées ; mais, à travers leur voile, elles jettent des regards pleins de desirs ; leur démarche, grave et lente, inspire la volupté, annonce leur attente et le but de leur promenade. Cette promenade, d'ordinaire, n'est pas de longue durée; un coureur de bonne fortune se présente, et trouve un accès facile auprès d'elles.

Dès que notre bâtiment fut radoubé et approvisionné, nous mîmes à la voile, et dans six jours, nous arrivâmes à Marseille: un mois après, je m'embarquai sur une polacre maltaise, commandée par le capitaine Cornand de Morteigne, pour me rendre à Constantinople.

CHAPITRE III.

Passage à Samos et à Ténédos. Arrivée à Constantinople. Description de cette ville. Son sérail public. Combat de jeunes gens au bâton. Leur manière de monter à cheval et de les nourrir.

A v a n t que d'entrer dans la mer de Marmara et de passer le détroit des Dardanelles, nous relâchâmes à Samos, île de l'Archipel, sur la côte de la Natolie. Elle a une rade très-sure pour toute espèce de vaisseaux.

Samos, d'après une tradition populaire, et l'assertion de plusieurs auteurs, se glorifie d'avoir donné la naissance à Hercule; ce qui paroît autoriser ce sentiment, ce sont deux colonnes

majestueuses de marbre, élevées sur le bord
de la mer, sous la dénomination de colonnes
d'Hercule. Sa capitale est petite, elle n'est éloignée de la mer que d'une lieue. Un aga et un
cadi, qui demeurent trois années consécutives
dans cette île, y perçoivent les droits et rendent la justice. Elle est habitée entièrement par
des Grecs; elle contient dix-huit villages, tant
gros que petits; son sol est d'une grande fer-
tilité en productions de toutes espèces, principalement en vin muscat, d'une qualité supérieure à celui de Montpellier. Les tremblemens
de terre y sont fréquens.

J'y demeurai deux années consécutives sans
la quitter, pas même pour des voyages que né-
cessitoit la mission dont j'étois chargé de la
part de M. de Peyssonel. Je ferai mention en
son lieu, du motif de ce long séjour.

Un temps favorable nous permettant de continuer notre route, nous nous arrêtâmes à l'île
de Ténédos, cette petite île est située à l'embouchure de la mer de Marmara, distante de
trois lieues seulement de l'ancienne Asie mineure. Nous vîmes de loin, avec des lunettes
d'approche, les ruines de la célèbre ville de
Troie, qui sont sur le bord de la mer, dont
l'emplacement est de plus de deux lieues, tant
en largeur qu'en longueur. Cette île, toute

petite qu'elle est, produit néanmoins beaucoup de raisin, dont on tire des vins chauds, mais ils ont un goût de goudron. Ses habitans sont des Grecs.

Nous entrâmes le lendemain dans la mer de Marmara, et passâmes le détroit des Dardanelles, qui n'a qu'une lieue de largeur. A gauche est Gallipoli, ville habitée par les Turcs. Sur le bord de la mer, s'élève une forteresse gardée par une nombreuse garnison ; de l'autre côté, à droite, au bord de l'Asie, sur les terres de cette grande partie du monde, se trouve également un fort avec une garnison de janissaires, de manière qu'aucune escadre ne pourroit passer par ce détroit, sans courir le risque d'être battue, et peut-être coulée à fond.

Quinze jours après notre départ de Marseille, nous arrivâmes à Constantinople. En entrant dans le port, nous payâmes le tribut d'admiration qu'inspire pour la première fois la grandeur de cette ville. Sa vaste étendue, le nombre de ses mosquées, la multitude de cyprès qui entourent les murs, les couleurs, rouge, verte et bleue des maisons, forment de cette capitale la perspective la plus imposante. Mais quelle fut notre surprise ! autant cette ville nous avoit paru magnifique et majestueuse au dehors, autant elle nous frappa par sa laideur au dedans.

Ses rues sont généralement étroites, mal saines
et couvertes de boue. On n'y connoît point
l'usage des lanternes pour la nuit.

A Constantinople, on trouve un très-grand
nombre d'espèces d'hôtels, que l'on nomme
caravansérai, destinés à loger les étrangers,
les voyageurs et leurs chevaux ; il n'y a d'autres
meubles que de simples nattes ou paillassons,
qui servent de table et de lit à ceux qui y
logent. Cette ville, quoiqu'immense, n'a qu'une
seule maison publique, laquelle renferme trois
à quatre cents concubines, toutes Géorgiennes,
Circassiennes, Grèques, Italiennes, Armé-
niennes, Marronittes et Juives. Le maître de ce
caravansérai paye une somme considérable au
janissaire-aga, qui remplit dans ce vaste établissement, les fonctions de ministre de la police, après avoir toutefois fait sur son ame,
serment de n'employer à son sérail aucune Musulmane. S'il contrevenoit à cet ordre, et que
par hazard on trouvât chez lui une Turque,
au moment qu'on y feroit une visite domici-
liaire, il auroit sur-le-champ la tête tranchée.
Il en coûte à tout individu qui veut recevoir
l'hospitalité dans cet hôtel, la somme de douze
francs ; il peut y aller le matin et y rester jusqu'au soir.

Les Turcs ne connoissent pas l'usage des

carosses, ni d'autres voitures. Dans Constantinople, les gens en place, de même que les
riches, se servent de beaux chevaux superbe-
ment harnachés : cette nation, en général,
monte bien à cheval, elle fait même des courses,
qui surprennent les nations plus policées.

Souvent on voit quinze à vingt jeunes gens
monter à cheval, ayant chacun un gros gourdin
de trente pouces de longueur à la main, sortir
de la ville pour se rendre dans une plaine; deux
ou trois de ces jeunes gens partent les premiers,
au galop; deux ou trois autres courent après
eux, et lancent le gourdin après les premiers :
les autres en font autant à la suite ; les premiers
se retournent, et font en sorte de frapper par
derrière ceux qui ont lancé le gourdin. Cette
petite guerre enfin dure quelquefois deux
heures, et les jeunes gens attrapent chacun
leur gourdin, en galopant sans s'arrêter, ils le
ramassent avec une adresse surprenante, en se
tournant le corps sans quitter la crinière du
cheval, ni sans interrompre leur course. Leur
manière de se tenir à cheval est tout-à-fait
différente de celle de nos Européens; leurs
étriers sont courts, ils se servent d'éperons de
fer-blanc, si l'on peut appeler ainsi une feuille
entière de fer-blanc pliée et attachée à des
chaines courtes, qui tiennent à la selle. Ce fer-

blanc, qui tient lieu d'étrier, est tranchant; ils mettent leurs pieds dedans, piquent le ventre du cheval et le forcent de courir. Lorsque les chevaux ont. fait une course fatigante, ils ne les débrident qu'une heure après, et les promènent quelque temps, avant de les conduire à l'écurie.

L'on ne connoît ni le foin ni l'avoine dans le Levant; la nourriture des chevaux n'est autre chose que de la paille moulue et de l'orge. La manière d'apprêter la paille est tout-à-fait singulière. Dans le temps de la récolte, et au milieu d'une terre, celui qui a moissonné plante un piquet, et fait, autant qu'il peut, une place nette autour de ce piquet; il y arrange ses gerbes de blé; il met un bandeau sur les yeux de deux ou trois chevaux, les attache ensemble et les fait trotter dans cet état autour du piquet. Ces chevaux, par leur trépignement, écrasent la paille : alors on en sépare le blé, que l'on jette au vent avec une pelle, pour le nétoyer. On ramasse cette paille proprement; elle sert de nourriture aux chevaux. Quelque soin que l'on prenne pour ôter le blé, il en reste encore dans la paille; les chevaux en profitent, ce qui, joint à l'orge qu'on leur donne, les nourrit et les entretient gras et frais. Les chevaux asiatiques sont fins, infatigables, quoique d'une structure médiocre ; ils n'ont d'ordinaire que quatre pieds de haut. L'orgueil des bachas et autres gens de distinction, consiste à avoir continuellement huit ou dix chevaux bridés, harnachés d'une manière élégante, et tout prêts à se mettre en course.

CHAPITRE IV.

Femmes turques. Prix de celles qu'on achète. Deux aventures galantes : leurs suites. Punition de deux amans pris en flagrant délit. Réclamation à cet égard de l'ambassadeur français. Châtiment d'un aga.

LE s Musulmanes restent rarement dans l'intérieur de leurs maisons ; elles ne paroissent jamais dans les boutiques, ni dans les atteliers, ni dans les places publiques ; aucune enfin n'est admise dans une société quelconque, où il se rencontreroit un homme.

Les Turcs, d'ordinaire, n'ont qu'une femme légitime, mais ils peuvent en avoir d'autres, qu'ils achètent et nourrissent comme esclaves : ces femmes viennent assez communément de la Circassie, de la Géorgie, de la Perse, de l'Archipel : elles sont amenées par des marchands, qui les achètent dans différens pays, principalement dans les environs de la mer Noire. Ils les déposent dans certains caravanserais de Constantinople, et se servent de courtiers pour aller les proposer chez des agas, des bachas et d'autres Turcs riches. En proposant ces femmes, ils font le détail de leurs qualités personnelles ; aussi sont-elles vendues suivant leur mérite. Si elles sont jeunes, jolies, reconnues vierges, si elles ont des talens agréables dans la société, elles peuvent être vendues depuis mille jusqu'à deux mille écus.

Plus elles avancent en âge, moins on les vend ; il y en a de décrépites, dont le prix ne passe pas trente francs. Si un Turc en achète une de cette espèce, on l'emploie à porter le manger du maître dans sa boutique, lorsqu'il est marchand ; elle va dans d'autres sérails remettre des lettres et en rapporter la réponse.

Les femmes des Turcs n'ont nulle connoissance des affaires du dehors, non plus que du commerce ; leur emploi se borne à l'entretien de l'intérieur de la maison, et au soin de préparer les repas du maître : le reste du temps est destiné à broder des tapis qu'elles travaillent adroitement à donner de l'éducation à leurs enfans, et surtout à former leurs filles à la triste habitude d'être récluses.

Parmi les femmes légitimes, il y en a quelquefois qui parviennent à captiver entièrement le cœur de leurs maris ; ces derniers ne font alors aucun cas des charmes de leurs esclaves, se défont même des plus belles, pour peu qu'elles déplaisent à la femme légitime, et les revendent assez souvent avec bénéfice.

Les maisons où logent les femmes turques, dans les quartiers marchands, nommés *Besestins*, qui ne sont à proprement parler que des boutiques accolées les unes aux autres, n'ont pas la moindre relation. Ces Besestins forment une espèce de ville, dont les rues sont couvertes en vitrage. On y trouve des négocians de toutes les nations, particulièrement des Arméniens, des Grecs et des Juifs. Les boutiques ont un seuil d'environ trois pieds : on place par-dessus un sopha couvert d'un tapis, sur lequel les marchands s'asseyent, à l'abri de l'injure du temps, dont ces rues sont garanties par le vitrage qui les couvre.

Les femmes restant seules dans leurs quartiers, où leurs maris ne paroissent que rarement pendant le jour, il y en a d'assez imprudentes ou d'assez passionnées pour chercher à satis-

faire leur goût, et offrir leurs faveurs au premier passant. Si quelquefois elles réussissent
dans leurs larcins, souvent aussi elles les payent
fort cher ; les deux aventures suivantes en sont
une preuve.

Une femme turque aperçoit à travers ses
fenêtres grillées, un jeune Italien qui , par
hazard , passoit dans un de ces quartiers ; elle
dépêche une négresse esclave, qui paroît à la
porte et lui fait signe d'entrer. Ce jeune homme
inexpérimenté , ou peut-être emporté par l'impétuosité de ses desirs , se laisse entraîner et
monte au sopha de la déesse ; il la trouve dans
une attitude et sous un vêtement plus que ca-
pables de séduire, appuyée nonchalemment sur
une pile de carreaux , assise, les jambes croisées
sur un sopha, faisant brûler des parfums, les
yeux pleins de langueur , appelant le plaisir.
Elle ne perd point le temps en paroles ; seulement, d'un ton passionné, elle lui adresse ces
mots : « Viens, mon cœur, viens auprès de moi ;
je t'ai vu ; ta physionomie ma plu ; ton cœur
seroit-il insensible ? »

Le jeune Italien demeure interdit ; sa timidité rend la femme plus hardie ; enfin il s'approche d'elle, les souliers à ses pieds. Garder
ses souliers devant une belle, c'est, en Turquie,
une faute capitale contre l'usage ; il les ôte : elle

lui fait servir du sorbet qu'il renvoie; on lui substitue du café qu'il prend volontiers. Il se livre ensuite à toute la fougue de son âge et justifie pleinement la bonne opinion que sa physionomie avoit inspirée. Le jeune athlète ne tarda point à prévoir le danger auquel son inexpérience l'avoit exposé; il se hâta de demander son congé : il lui fut accordé, à condition qu'il reviendroit le lendemain. Il tire sa bourse, l'ouvre et présente quelques piastres à cette femme; elle jette sur lui un regard dédaigneux et lui fait au contraire accepter une bourse de soie, brodée en or, avec cinquante sequins. Il fut quelque temps incertain s'il la prendroit ou non; mais, toute réflexion faite, il l'emporta et descendit l'escalier au plus vîte, avec la résolution bien sincère de ne plus reparoître dans ce lieu.

Un Français, en pareille circonstance, n'eut pas les mêmes avantages dans un autre quartier. Il fut appelé par une femme turque qui le fit entrer chez elle : cette femme étoit seule : le Français né voyoit en cette provocation nulle apparence de danger. Comme il ignoroit la langue du pays, l'amour se fit par signes : la femme ferme sa porte et l'amour couronne son infidélité. Au moment où ils alloient se séparer, le mari frappe à la porte; quel embarras! la femme ne put cacher son crime aux yeux de son époux, crime d'autant plus grand qu'il étoit commis avec un chrétien. Les Turcs ont cette religion plus en horreur que toute autre; aussi, cet homme se souciant peu du soin de conserver son honneur, et regrettant encore moins la perte de sa femme, ne considéra, dans cette affaire, que l'offense faite à la religion, et son fanatisme l'aveugla au point de faire arrêter son épouse et le malheureux Français; il les fit conduire chez le janissaire-aga, qui les condamna à avoir sur-le-champ la tête tranchée l'un et l'autre.

Aussitôt M. Desalleurs, alors envoyé à Constantinople, se fit conduire chez le janissaire-aga, pour demander s'il pouvoit se permettre d'exécuter une pareille cruauté envers un homme de sa nation, sans lui en donner au moins avis. Le janissaire répondit à l'interprète, en présence même de l'ambassadeur, que la sainte religion mahométane ne souffroit aucune remise et n'accordoit nulle réflexion. L'ambassadeur lui fit répondre par l'interprète, que la chose lui paroissoit assez grave pour en instruire sa cour, qu'il porteroit ses plaintes à sultan Mamout, et se retira sans autre satisfaction. M. Desalleurs jouissoit un peu de la faveur du sultan qui le consultoit assez souvent sur des choses secrètes :

cet empereur craignoit à chaque instant d'être
détrôné par la populace, qui quelquefois se
soulève et dépose un sultan pour en créer un
autre à son gré. Il se rendoit donc quelquefois,
mais *incognito*, chez l'ambassadeur de France,
et lui demandoit son avis sur la manière dont
il devoit se conduire afin de conserver le trône.
Ce fut dans une de ces conférences qu'il saisit le
moment de se plaindre de la précipitation que
le janissaire-aga avoit mise pour juger et faire
exécuter son jugement, dans l'instant, envers
un Français. Le sultan, eut égard à sa plainte,
et, quelque temps après, fit mander le Janissaire-aga; il le blâma, lui fit défense de récidi-
ver, sous peine d'encourir son indignaion, et
le menaça de le destituer, s'il n'envoyoit faire
des excuses à l'ambassadeur. Le janissaire s'y
soumit : les excuses faites, tout resta dans le
même état et il ne fut plus question de cette
affaire.

   Un soulèvement de la populace, arrivé quelque temps après, fit soupçonner que le janissaire - aga cherchoit un moyen de vengeance
contre l'empereur, sur cette affaire qu'on
croyoit assoupie, et le peu d'activité du ministre de la police pour en arrêter les progrès, for-
tifia les soupçons où l'on étoit qu'il y avoit la
première part. Cependant cette révolte cessa :

quelques jours après, l'empereur vint chez
l'envoyé, toujours *incognito*, et lui demanda
quel parti il lui conseilloit de prendre pour éviter dans la suite un pareil choc. M. Desalleurs
lui conseilla trois choses: la première, de faire
trancher la tête au janissaire aga, afin d'avertir
par cet.exemple, son successeur de tenir une
police stricte; la seconde, de faire fermer tous
les cafés de la ville, parce qu'il s'y formoit des
assemblées dangereuses, et que, dans ces repai-
res il y avoit un rassemblement continuel de
mutins et de révolutionnaires; la troisième, de
ne permettre aucun attroupement dans les places publiques, carrefours et autres lieux; qu'en
outre, lorsque les patrouilles rencontreroient
un nombre de personnes au-dessus de cinq, il
leur seroit ordonné de se séparer, sous peine,
à chaque contrevenant, d'une punition de cent
coups de baton sur la plante des pieds.

Le conseil de l'ambassadeur fut suivi. Le lendemain parut un firman du grand-seigneur,
signé de lui et du grand visir; il fut publié dans
toute la ville, au son du tambour, par un grand
de la Porte, accompagné de cinq cents janissaires. Les cafés furent fermés, les attroupe-
mens cessèrent, tout fut tranquille et le sultan
mourut de vieillesse, après vingt-un ans de
règne.

CHAPITRE V.

Sérail du sultan. Manière dont le grand-seigneur change de femmes. Intrigues des favorites pour rentrer en faveur, en cas de disgrace. Garde du grand-seigneur. Chiens attachés à chaque quartier, nourris aux dépens de l'État.

PARMI les beautés sur lesquelles l'œil du voyageur se promène avec plaisir dans Constantinople, le sérail du grand-seigneur est un objet qui mérite toute l'attention d'un curieux : son étendue est de sept lieues, et sa largeur est en proportion ; le mur dont il est entouré est à un tel point de hauteur, que les regards de qui que ce soit ne peuvent y pénétrer. Il contient les bâtimens particuliers du souverain, et ceux de ses femmes : dans son enceinte sont les bois pour la chasse du cerf, du daim, et de toute autre espèce de gibier.

Les femmes du sultan, au nombre de quatre cents, y sont logées commodément, quoique ayant chacune un eunuque et une gouvernante à leur service. Toutes ces femmes s'attachent à acquérir des talens particuliers, utiles ou de simple agrément ; la broderie, la musique instrumentale et le chant, peuvent être considérés comme une des principales occupations de ces beautés invisibles.

Il y a dans ce nombre une sultane favorite, qui captive quelquefois le cœur de son maître. Dès ce moment, elle n'a plus de rivale. Toutefois si cette union vient à se troubler, l'empereur cesse de la voir, mande le chef des eunuques, et lui ordonne de lui amener une des plus belles ouailles du bercail. Cet esclave, après s'être prosterné aux pieds de son maître, va parcourir le sérail, et dès qu'il a trouvé la beauté qui convient, il commande à sa gouvernante de lui faire une prompte toilette, et en outre de lui préparer un bain qu'elle prend, suivant l'usage, avant d'être présentée.

On peut aisément se persuader combien, en pareil cas, l'orgueil et l'amour propre d'une jeune esclave sont à leur comble. Aussitôt que la favorite future est prête, le grand eunuque va prendre les ordres pour la faire paroître devant le sultan. Celui-ci la fait passer sous ses balcons, et l'examine à son aise ; si elle lui convient, il ordonne qu'on la lui amène. Elle monte seule, fait le compliment d'usage, se prosterne le front contre terre, les deux bras croisés, les pieds nuds, les genoux en terre, les fesses sur ses talons. Elle demeure dans cette attitude jus-

qu'à ce que le sultan lui dise de s'approcher :
alors il lui permet de s'asseoir près de lui, et
s'entretient avec elle près d'une demi-heure. Il
ordonne ensuite au grand eunuque de se retirer,
et demeure tête à tête avec sa nouvelle maîtresse.

Ce qui paroît bien surprenant aux yeux de
ceux qui ne connoissent pas les mœurs et les
usages asiatiques, c'est de considérer quatre
cents femmes enfermées dans un même lieu,
toutes destinées aux plaisirs d'un seul homme,
se voir tous les jours aux heures de récréation,
et vivre dans la plus grande paix, ne pas laisser apercevoir la plus petite étincelle de jalousie.
Si la sultane favorite marque quelque dépit,
lorsque le sultan lui fait une infidélité en faveur
d'une des femmes du sérail, elle a grand soin
de cacher à ses yeux le chagrin qui la dévore ;
elle en prend occasion pour lui marquer plus
d'amour, et devient la protectrice et même la
bienfaitrice de sa rivale, lorsque l'occasion de
lui être favorable vient à s'offrir.

Elle saisit pour cela l'occasion où l'empereur
donne à un bacha une seconde ou une troisième
queue de cheval. Elle obtient de l'empereur
qu'il donnera à ce bacha sa protégée pour épouse
légitime, et ce dernier reçoit cet honneur avec
enthousiasme. Par ce moyen, cette dernière,

du rang d'esclave, s'élève à celui d'épouse d'un bacha à trois queues, et devient la maîtresse des esclaves de son second maître. C'est ainsi que la sultane vient à bout d'écarter une rivale.

La mosquée la plus remarquable de Constantinople, est une ancienne église qui étoit sous l'invocation de sainte Sophie : son architecture, quoiqu'élevée dans le genre de l'antique, se trouve dans le goût romain de ce temps-là. Les décorations intérieures en peinture, qui étoient des chefs-d'œuvre, ont été dégradés par les Musulmans, à cause de la religion mahométane qui exclut les peintures, les sculptures et les images, des lieux où ils s'assemblent pour prier. La ville est enrichie de beaucoup d'autres mosquées, dont quelques-unes sont très-belles et même plus élevées que celle de sainte Sophie ; néanmoins cette dernière est celle que le souverain a adoptée pour y faire ses exercices de piété, eu égard à la proximité du sérail.

La garde du sultan est composée de trois ou quatre mille janissaires; le reste de ce corps formidable, répandu dans la ville, est prêt à partir au premier commandement, pour les besoins de l'État. Le janissaire-aga qui, comme nous l'avons dit, remplit les fonctions de ministre de la police, commande cette troupe ; il fait faire jour et nuit des patrouilles, accompagnées d'une troupe de chiens , qui sont à demeure dans chaque quartier. Ces animaux n'ont point de maîtres particuliers; ils sont soignés par des gens employés et payés pour leur fournir ce qui leur est nécessaire , qui consiste à leur donner tous les jours de la soupe , et à renouveler une fois par mois la paille sur laquelle ils couchent. Il seroit dangereux pour un étranger , d'aller d'un quartier dans un autre , sans être accompagné d'un habitué du quartier où ses affaires l'au-roient appelé; il seroit inévitablement pour-suivi , peut-être déchiré par les chiens qui ne le connoîtroient pas. Ceux qui composent les pa-trouilles nocturnes, sont armés chacun de deux pistolets , d'un cimeterre et d'un gros bâton.

CHAPITRE VI.

Enfans au service des Turcs. Leur castra-
tion. Aventure de Séraphine et du nègre
Mamet : leur mort. Motifs qui ont engagé
le grand-seigneur à ordonner la castra-
tion complète. Précaution dont on use
envers les jeunes filles à vendre.

A Constantinople et dans le reste de la Turquie, les Musulmans, surtout ceux qui ne sont
point mariés, ont à leur service, des enfans
qu'ils ont coutume de choisir parmi les Juifs :
ils mettent aussi la population de la Guinée à
contribution ; ce n'est point assez de lui enlever ses hommes, ses femmes et ses filles, il
faut encore que l'esclavage et l'exportation s'é-
tendent jusque sur le plus tendre et le dernier
espoir de la génération future. D'avides marchands, que l'Egypte et l'Arabie vomissent dans
ces contrées, en ramènent ces troupeaux d'enfans qu'ils destinent aux plaisirs d'un maître.
Le grand-seigneur en fait tous les ans tailler une
grande partie pour son sérail ; ils sont spéciale-
ment consacrés au service de ses femmes. Il en
meurt plus de la moitié, qui ne peuvent pas

supporter l'opération; eh! comment vivroient-ils, lorsqu'on a la cruauté de tarir chez eux toutes les sources de la vie? En France, on ne compte qu'un Abailard, en Turquie on pourroit en citer des milliers; heureux s'ils n'avoient à souffrir que la moitié de l'opération! mais depuis quelque temps on la rend complète, de peur que ces malheureux n'éprouvent et n'inspirent encore des tentations; précaution qui, tout atroce qu'elle est , n'est cependant pas inutile; on en jugera par l'aventure suivante :

Ibrahim Bacha avoit dix esclaves d'une beauté parfaite; la partie étoit trop inégale; aussi ne put-il obtenir de ses belles une fidélité à toute épreuve. *Séraphine*, la première, lui montra comment les femmes se vengent d'un *deficit* de la part des hommes. Elle étoit éperdûment amoureuse d'un jeune et beau nègre attaché à son service. Le nègre n'étoit point insensible; mais, soit timidité, soit prudence, il avoit toujours les yeux baissés devant sa maîtresse. L'amour augmente en raison des privations: Séraphine enfin ne put contenir sa flamme; mais, n'osant lui faire ouvertement un aveu, qui toujours coûte à la fierté d'une femme honnête: « Mon cher Mamet, lui dit-elle, n'aimeriez-vous pas mieux être dans votre pays natal, et jouir encore de tous les avantages que vous aviez reçus de la nature?—Sans doute, madame, si vos bontés... Il soupire, et ne peut achever. — Quoi! vous pourriez éprouver pour moi quelques sentimens?—Si j'en éprouve... Madame, seriez-vous assez cruelle pour vouloir abuser de ma franchise? En disant ces mots, son visage s'enflamme, et dans ses yeux se peint toute la passion de son cœur. — Rassure-toi, mon cher Mamet, Seraphine, à ton égard, ne sera jamais ingrate : ah! si tes bourreaux ne t'avoient pas entièrement privé... —Non, madame, il me reste encore des armes pour entrer en lice ». Une déclaration si formelle étoit une provocation au combat; il s'engage, et le plaisir d'une action, quoique non décisive, en fait desirer la continuation et la durée.

C'étoit le moment où les esclaves de la favorite du bacha devoient se trouver à sa toilette, à l'ablution et à la prière. Les deux amans se séparent, en se donnant un rendez-vous pour le lendemain : il n'y a que le premier pas qui coûte. Le lendemain, Séraphine attendoit Mamet avec impatience; il arrive: le jeu de la veille recommence avec tant de force, que bientôt ils succombent sous le poids de leur lassitude. Malheureux qui s'endort dans le plaisir! L'un et l'autre, suivant l'usage des Turcs, avoient pris de l'opium. Prendre de l'opium, lorsqu'on doit voir ce qu'on aime! ils le payèrent bien cher.

A peine s'étoient-ils endormis, que tout-à-coup arrive *Marien*, la favorite du bacha, qui les trouve dans un état à ne laisser aucun doute sur leur conduite réciproque: « Alla! alla! s'écrie-t-elle, mon eunuque, mon esclave dans les bras d'une femme! » Elle sort à la hâte et va chercher Ibrahim, qui vient assez tôt pour surprendre encore les deux amans dans la même posture. Transporté de colère, il les fait arrêter, et sur-le-champ leur fait donner, sur la plante des pieds, autant de coups de bâton qu'il en falloit pour leur ôter la vie.

Beaucoup d'aventures de cette espèce, déterminèrent le grand-turc à établir la coutume de ne rien laisser aux enfans qu'on emmène de la Guinée. On leur fait l'opération à leur arrivée dans la ville où ils doivent être vendus. Quant aux filles vierges, on se sert, à leur égard, de l'ongle ou d'un instrument tranchant, pour les déflorer et leur rendre plus supportables les fatigues d'une longue route, pendant laquelle, disent leurs marchands, elles pourroient se couper, et perdre de leur valeur.

CHAPITRE VII.

Trait caractéristique de filouterie égyptienne.

LE capitaine Cornand nolisa son bâtiment pour Alexandrie, en Egypte, et nous associâmes à notre voyage trois cent cinquante Turcs, qui alloient à la Mecque en pélerinage. Les Egyptiens sont très-ingénieux, surtout dans l'art de filouter. On peut en juger par ce trait:

Arrivés à notre destination, nous trouvâmes un chargement de laine pour Livourne en Italie, et pour faire un pareil chargement, l'équipage du capitaine ne suffisoit pas; il falloit au moins vingt hommes de journée pour tourner le cabestan, et par le moyen des poulies doubles et triples, faire entrer de force des grosses balles de laine les unes dans les autres. Nous fûmes donc forcés de prendre des Arabes pour tourner ce cabestan, pendant un mois que dura le chargement. Notre capitaine alla prendre ses expéditions et sa patente pour le départ. Le vaisseau, prêt à partir, nous nous aperçûmes que nous coulions à fond et que nous étions sur le point de perdre plus d'un million d'effets. Le capitaine fut forcé de descendre à terre : il demanda si l'on ne connoissoit pas un habile plongeur : il ne lui fut pas difficile d'en trouver un ; les Egyptiens le sont tous : mais quelle fut sa surprise, lorsqu'un des meilleurs ouvriers, que nous avions employés, se présente et s'engage à trouver la voie d'eau. Le temps pressoit ; il falloit y remédier : il n'y avoit point de réflexions à faire. Cet ouvrier exige cinquante sequins vénitiens, à-peu-près six cents francs de France. Il fallut en passer par-là. Le coquin, tout de suite plonge, cherche et trouve la voie d'eau : c'étoit lui-même qui l'avoit faite. Il demande du suif, du charbon qu'il pile et réduit en poudre : il fait un mortier, replonge et s'arrange de manière à pouvoir travailler dans l'eau. Il remonte environ cinq minutes après et dit : « La voie d'eau est bouchée ; ne cessez de pomper, vous verrez que, dans trois ou quatre heures, vous retirerez toute l'eau du vaisseau ; mais donnez-moi le plutôt possible du plomb, afin de faire une plaque bien battue, de six pouces quarrés, un marteau et des clous ». Muni de tout, il descend en plongeant, et, par dessus le mastic qu'il avoit posé sur le trou qui donnoit entrée à l'eau, il met la plaque, passe des clous tout autour et, par ce moyen porte le remède au mal qu'il avoit fait lui-même. La veille de notre départ, il nous vient un de ses camarades qui nous dit: «Nous sommes plusieurs témoins qui avons vu celui qui vous a bouché votre navire; nous savons que la veille de votre départ, il avoit plongé, pendant la nuit, pour arriver, entre deux eaux, auprès de votre navire; et c'est lui qui vous a causé la dépense et le retard que vous éprouvez; allez-le dire à votre consul, et qu'il se fasse rendre justice auprès du bacha; votre argent vous sera rendu, ainsi qu'un dédommagement pour votre retard».

Le capitaine alla porter ses plaintes au consul, qui se rendit, accompagné d'un interprète et de deux janissaires, au domicile du bacha: ce dernier, après avoir entendu la plainte, donne pour toute satisfaction cette réponse: « Je vous conseille, capitaine, de partir et de ne rien dire; les gens du port sont méchans, je ne puis pas moi-même les dompter, et si je sévissois contre l'homme qui vous a fait du tort, vous risqueriez d'être assassiné, ou s'il ne pouvoit vous atteindre, il se vengeroit sur quelqu'un de votre nation ». Le consul se retira, sans avoir obtenu justice.

L'île de Chypre et celle de Candie fournissent des légumes et d'autres comestibles à Alexandrie, dont le terrein est trop chaud pour qu'il puisse laisser croître beaucoup de légumes. L'on n'y voit pas de vignes, mais on ne s'y passe pas de vin : les Égyptiens et leurs femmes ont le teint basané ; ils sont habillés comme dans toute la Turquie : leur commerce est considérable ; ils ont beaucoup de riz, du coton, du café moka, des marchandises des Indes, qui leur arrivent par caravanes de chameaux, du Caire ; et ils expédient ces marchandises dans toute la Turquie, et en vendent aux Français, aux Anglais, aux Hollandais, et autres qui viennent les prendre à Alexandrie.

CHAPITRE VIII.

*Manière dont se perçoit l'impôt pour le
grand-seigneur. Retour d'Égypte à Livourne. Juifs de cette ville.*

En Égypte, autrefois, et même dans le temps
que j'y étois, les caravelles du grand-seigneur
venoient, et le capitan bacha envoyoit au Caire
un *chaous*, un homme important pour exhi-
ber le firman de la Porte, qui ordonnoit aux
douze beys du Caire de payer la rétribution
taxée de la ville. Le chaous informoit les beys
de son arrivée, et leur enjoignoit de s'assem-
bler, afin que tous ensemble prissent lecture
du firman, et s'y conformassent dans tout son
contenu; faute d'y satisfaire, ils étoient menacés d'une disgrace inévitable : les beys assemblés prenoient lecture du firman, et si sa
teneur ne leur convenoit pas, ils faisoient dou-
bler le coin du tapis du sopha sur lequel ils
étoient assis : c'étoit un signe de refus; le chaous
s'en apercevoit, se retiroit, alloit rejoindre l'escadre, et porter cette mauvaise nouvelle au
capitan bacha; celui-ci faisoit une seconde ten-
tative, aussi infructueuse que la première, de

sorte que le sultan ne recevoit que ce que les beys vouloient bien lui donner.

Les Égyptiens en général ne sont ni souples ni fidèles; c'est un composé de Mameluks, de Bedouins, de Cophtes, de Nègres, et enfin de voleurs qui descendent du Mont-Liban, et qui traversent les déserts de la Syrie, pour venir dans l'Égypte, s'établir et remplacer une quantité de nationaux, que la Porte enlève tous les trois ou quatre ans.

Nous quittâmes l'Egypte et vînmes à Livourne en douze jours de traversée : là nous déposâmes nos marchandises dans un lazaret, et ne fîmes qu'une quarantaine de vingt-cinq jours, vu que notre patente étoit nette.

Les quarantaines que les Européens ont coutume d'exiger de tous les vaisseaux ou autres bâtimens qui arrivent des Echelles du Levant, ou qui ont été visités en route par des corsaires de Barbarie, sont plus ou moins longues, suivant l'énoncé de la patente, qu'on a soin d'apostiller dans le lieu du départ. Si le bâtiment est parti dans un temps de contagion, la patente sera brute, et la quarantaine sera de quarante jours pour les hommes et de trois mois pour les marchandises; encore a-t-on soin de déballer les cotons, les laines, et de les étendre avec de longues perches dont le bout est garni de griffes de fer, pour ne les pas toucher avec les mains : ces marchandises restent exposées à l'air pendant quatre-vingt-dix jours.

Notre quarantaine expirée, nous entrâmes à Livourne. Tout le monde connoît le commerce considérable que font les Juifs dans cette ville ; ils sont réunis dans un vaste quartier, qu'ils occupent seuls ; leurs magasins regorgent de marchandises. On les reconnoissoit autrefois à une marque distinctive ; les hommes portoient un chapeau jaune ou rouge, et les femmes, un morceau d'étofe jaune ou rouge attaché sur l'épaule. On les forçoit de s'agenouiller comme font les Chrétiens, et de se découvrir lorsqu'ils se trouvoient par hasard dans une rue où l'on portoit le Saint Viatique ; aussi rien n'étoit plus risible que de les voir s'enfuir à toutes jambes, quand ils entendoient de loin la sonnette du porte-Dieu, qui étoit devant le dais.

CHAPITRE IX.

Départ de Livourne. Arrivée à l'île de Candie. État de ce pays. Ses lépreux. Ile de Zéa. Le consul français et ses jeunes filles. Étrange proposition faite à ce bon père de famille.

Dix jours après notre arrivée, dès que le capitaine Cornand eut terminé ses affaires, nous nolisâmes un bâtiment pour l'île de Candie; peu de jours après, nous abordâmes à sa capitale; le territoire de cette île, l'un des plus fertiles de la Grèce, est peuplé de Turcs et de Grecs, qui tous ne parlent d'autre langue que la grèque. Elle peut avoir quarante lieues de longueur sur dix-huit à vingt de largeur. Le labyrinthe qui passoit pour une des merveilles du monde, existe, mais à peine peut-on en connoître la place; l'on en voit seulement quelques démolitions sous des broussailles. Le terrein qu'il occupoit est deux fois plus vaste que la plaine de Grenelle près Paris.

Cette île, jadis si féconde en héros, n'offre plus que des hommes énervés, affaissés sous le despotisme et en proie à la misère. Parmi ces malheureux, il en est qu'une maladie affreuse

rend plus infortunés encore, et qu'elle exclut
de la société de leurs semblables : ce sont des
lépreux, disséminés hors des villes et des villages; ils sont horribles à voir ; leurs corps ne
forment qu'une croûte brune : ne pouvant se
marier qu'entr'eux, leur difformité devient héréditaire.

Leurs habitations sont des cabanes couvertes
de chaume et de terre, éparses dans la campagne, à une ou deux lieues des villes et des
bourgades. Ils sont en très-grand nombre, et
vivent de quelques portions de terre, qu'ils
cultivent autour de leurs chaumières, et des
aumônes des passans.

Cette maladie, s'il faut en croire les ancien-
nes traditions du pays, date de plus de deux
mille ans : sa guérison fit la réputation de Jésus-
Christ.

L'île de Candie a plusieurs villes bien peu-
plées ; à chaque ville, il y a plusieurs forts gar-
dés par des janissaires et hérissés de canons.
Elle est remplie de bestiaux; il s'y fait beaucoup
de fromage d'une qualité supérieure; elle produit une grande quantité d'huile d'olives : l'on
y fabrique du savon inférieur à celui de Marseille. Les bâtimens français, lorsqu'ils sont
vides, y relâchent pour se lester de soude,
qu'on y trouve avec profusion, et que l'on porte

en France. Cette soude efface celle d'Alicante.

Le capitaine Cornand ne tarda pas à noliser un bâtiment pour Salonique : il partit : les vents du midi secondèrent notre navigation jusqu'à l'île de Zéa. Cette île est à l'embouchure du Golfe de Salonique : elle est aride, par conséquent peu cultivée. Les Grecs qui l'habitent sont en petit nombre. Le consul français étoit un Grec qui, pour toute fortune, avoit trois jolies filles. Je fis connoissance de deux officiers d'un bâtiment malouin qui étoit en relâche avec nous : ils étoient jeunes, aimoient comme moi les plaisirs : ils n'avoient nulle idée de la langue grèque. Le consul joignoit à sa dignité l'état d'aubergiste ; comme le village étoit éloigné du port, ces jeunes officiers demandèrent au capitaine de leur vaisseau, la permission d'aller souper et coucher au village. J'en fis autant de mon côté : nous l'obtînmes pour le lendemain, si toutefois le temps ne changeoit pas. Nous partîmes donc tous trois et nous allâmes déjeûner chez le consul, qui ne demandoit pas mieux et qui étoit intéressé à nous engager à faire de la dépense. Les vivres étoient à bon marché, surtout la volaille : nous fûmes donc bien traités et à peu de frais.

Les jeunes filles nous servoient avec un air modeste et les yeux baissés. Après les avoir exa-

minées attentivement, nous ne pûmes résister
au penchant naturel que la beauté et la jeunesse
inspirent pour la volupté : étant le seul capable
de me faire entendre, j'entamai, à la sollicita-
tion de mes compagnons, une conversation ga-
lante. Ces jeunes filles parurent m'écouter avec
plaisir ; elles repondirent avec un sourire qui me
donna de la confiance. Je m'enhardis ; je devins
plus passionné et par conséquent plus expressif.
Pour ne point perdre de temps en questions fri-
voles, je leur en fis une décisive qui renferme
toutes les autres : « Avez-vous encore, leur dis-
je, cette fleur que vos semblables, en Europe,
perdent ordinairement de si bonne heure ? »
Les trois sœurs rougirent ; on eût dit les trois
graces : jamais Cithérée n'eut tant de charmes.

Sur la réponse affirmative, je continue en
termes laconiques : « Nous seroit-il permis de
la cueillir ? vous n'auriez point à vous plaindre
de notre reconnoissance ; votre dot en seroit
augmentée de soixante-quinze francs par tête.
—Nous n'avons rien à notre disposition, dit
l'une d'elles, nous sommes sous la puissance
d'un père ; c'est à lui qu'il faut vous adresser ».
Mes camarades, qui ne comprenoient rien à
ma conversation, s'amusoient à folâtrer avec
elles, à leur baiser les mains, à leur faire des
signes plus expressifs souvent que les paroles ;

mais lorsqu'on vint au dénouement de la pièce, c'est alors que mon rôle devint embarrassant, très-difficile. Quelle hardiesse! consulter un père sur une matière aussi délicate, me disois-je? Il est pauvre, sans doute; il n'a obtenu sa charge que pour s'affranchir du carrache et d'autres droits. Il est pauvre! mais est-ce un motif pour le croire capable de faire un trafic honteux de l'honneur de ses filles? Néanmoins elles s'en rapportent à sa décision; elles présument donc qu'il peut être consulté. Cette réflexion me fit conjecturer que je pouvois hazarder de lui présenter cette demande. J'en prévins mes camarades, qui consentirent à donner une somme convenue.

Je pensai qu'il falloit parler au consul en particulier. Je le priai donc de me faire voir les jardins hors du village; ma proposition parut le flatter: il me conduisit dans un clos derrière sa maison : quoiqu'il fût d'une médiocre étendue, il n'y manquoit cependant rien de ce qui est nécessaire à la vie.

Après avoir cueilli quelques fruits, j'entamai mon étrange conversation en ces termes: « Il me paroît, monsieur le consul, qu'il ne se fait point de commerce dans cette île, et que si vous n'aviez pas ce petit consulat, vous auriez peut-être de la peine à soutenir votre famille,

la terre que vous cultivez est si ingrate! — Il
est vrai, me répondit-il, sans le passage que me
payent les bâtimens français lorsqu'ils s'arrê-
tent dans ce port, je serois mal à mon aise.
Quelquefois, dans l'espace de trois mois, je ne
reçois pas une piastre, et je n'ai d'autre ressource en productions, qu'un petit terrein pour
me procurer le blé qui nous est nécessaire, un
jardin abondant en légumes, un peu de volaille,
voilà toute ma fortune. — Mais, lui dis-je, vous
avez trois jeunes filles charmantes, qui péuvent
faire le bonheur de trois jeunes gens: très-certainement, si vous n'étiez pas imbu des fades
préjugés de votre nation, vous pourriez vous
procurer un bien-être et faire quelques épar-
gnes en argent, pour subvenir aux besoins de
votre vieillesse ».

Il me répondit: « Il y a dans cette île très-peu
de jeunes gens, encore sont-ils tous pauvres;
ils ne sont pas plutôt en état de travailler, qu'ils
fuient Zéa et vont servir le sultan sur les caravelles, ou s'expatrient pour aller dans les grandes villes de l'empire chercher du travail. Ils
s'établissent tous hors de cette île, de sorte que
les filles, étant plus nombreuses que les jeunes
gens, ne trouvent point ou peu d'occasions de
fixer leur sort ». Je saisis ces dernières paroles
pour lui dire: « Eh bien! monsieur le consul,

permettez, je vous supplie, que je vous fasse
une proposition. Il se présente en ce moment
un moyen favorable de vous fournir une somme
qui, quoique modique, vous mettroit à l'aise
vous et vos filles, jusqu'à notre retour. Nous devons faire plusieurs voyages à Salonique ; nos
capitaines sont nolisés pour deux ans : nous aurons par conséquent l'occasion de revenir ici,
et très-certainement, avec les bonnes intentions
de mes deux camarades et la mienne, il est possible de faire la fortune de votre maison : consentez seulement que le lieutenant du capitaine
Marcel passe une nuit avec Ursule votre fille
ainée, le capitaine Minuty avec votre cadette, et
moi avec Maranda. Quant à présent, nous vous
donnerons dix louis de France, n'ayant pas de
monnoie du pays. A notre retour du voyage
que nous devons faire en France, notre intention est de nous fixer dans ce pays-ci, ou à Salonique, pour y faire un commerce assez considérable. Nous apporterons chacun ce qui nous re-
vient de notre fortune, et nous le réaliserons en
bonnes marchandises pour Salonique. Si vous
consentez à nous accorder la faveur que nous
vous demandons, recevez quatre piastres pour
les frais d'un bon soupé : quant aux dix louis,
ils sont tout prêts : je ne vous parle pas de notre
générosité envers vos aimables filles ; elles peu-

vent compter sur notre reconnoissance. Si Dieu
nous préserve de tout malheur dans notre
course, vous nous verrez constans et toujours
avec les mêmes sentimens, le même desir de
nous lier avec vous : je vous le répète, nous ap‑
porterons de France assez de bien pour passer
agréablement notre vie. Ce que nous vous don‑
nons n'est pas considérable ; mais il doit vous
suffire pour vous procurer une certaine aisance
jusqu'à notre retour ».

Le consul qui n'avoit jamais tant vu d'or à
la fois, se laisse éblouir ; il prend pour article
de foi ce que je lui débitois sur ce prétendu
retour, consent à tout, et sur le champ va dire
à ses filles de venir nous trouver. Il les fait
vêtir le plus proprement possible, les introduit
dans le jardin, où nous les attendions. Pen‑
dant que nous nous occupions à préparer les
trois victimes au grand sacrifice, il fit apprêter
un repas, qui coûta la vie à plusieurs animaux
de basse-cour : viande, volaille, poisson, lé‑
gumes, bégnets, fromage à la crême, lait de
chèvre, melons d'eau douce et autres melons
délicieux, oranges, figues, dattes de Barbarie,
excellent vin, rien ne fut épargné, et tout cela
ne s'élevoit pas à un écu de dépense.

Le repas fini, lorsqu'on fut sur le point de
se coucher, le consul m'adressa la parole, et

me dit : « Vous avez demeuré assez longtemps seuls avec mes filles pour savoir si elles consentent à remplir vos vues ». Je lui répondis d'une manière affirmative : « Eh ! bien, je tiendrai ma parole, tenez la vôtre ; surtout ne manquez pas de revenir nous voir, et soyez fidèles». Il fut aisé de comprendre ce qu'il vouloit dire : je demandai aux officiers si leur intention étoit de donner d'avance les dix louis ; ils répondirent unanimement que c'étoit leur volonté : ils tirèrent donc chacun cinq louis de leur bourse. Je remis cette somme au consul, et je promis en outre une récompense pécuniaire aux demoiselles, avant de nous séparer d'elles. Nous vidâmes encore quatre bouteilles de vin de Scapoly ; je fis faire ensuite une jate de gloria avec du jus de citron, de l'eau-de-vie et du sucre : après avoir bu entre tous cette liqueur qui nous donna de la gaîté et qui échauffa nos vierges d'une assez bonne sorte, le père empoche les louis et nous fait conduire dans une salle voisine de celle où nous avions soupé. Rien sans doute n'étoit plus amusant que de voir la contenance de mes deux camarades qui, pleins de feu, ne pouvoient l'exprimer que par des signes et des caresses : ma passion ne me laissoit pas le temps d'être leur interprète.

C H A P I T R E X.

Débats nocturnes ; l'honneur vendu , mais
conservé. Querelle pécuniaire. Accom-
modément. Séparation. Départ pour Sa-
lonique.

CE seroit blesser la pudeur que de présenter
à l'esprit du lecteur ce qui se passa lorsque nous
fûmes possesseurs tranquilles des charmes séduisans de nos trois graces ; il est d'ailleurs des
plaisirs qu'on sent, et qu'on ne peut décrire :
celle que je serrois dans mes bras se livroit à
mes caresses et me prodiguoit les siennes ; seulement elle me recommandoit de la ménager.
« Vous savez, me disoit-elle, puisque vous avez
parcouru le Levant, qu'une fille ne peut plus
se marier, s'il existe le moindre soupçon sur sa
virginité ». Ses chastes réserves ne faisoient
qu'augmenter ma fiévre amoureuse. J'employai
les sophismes les plus expressifs pour la persuader, pour la gagner ; elle fut inexorable,
tout se passa en discours inutiles. Je restai
comme Tantale au bord des eaux.

Le jour parut enfin ; mes camarades n'avoient
pas été plus heureux que moi : nous nous rendimes dans la chambre du père ; son premier

soin fut de nous demander comment nous avions passé la nuit : « Fort mal, lui dis-je, vos filles sont des ingrates ; la résistance qu'elles nous ont opposée, le refus qu'elles ont fait de notre fortune et de nos personnes, sont une insulte marquée, un mépris formel ; vous êtes trop éclairé pour en disconvenir, et trop juste pour retenir l'or que je vous ai remis en dépôt, sous la condition expresse qu'elles auroient la générosité de répondre complètement à notre amour. Monsieur le consul, je suis persuadé que vous nous rendrez notre argent, ou du moins, que vous ne garderez que ce que vous jugerez à propos pour notre dépense et pour notre coucher. Le consul, tout stupéfait, me répondit : « J'ignore ce qui s'est passé entre vous et mes filles ; je vais leur parler et, quoi qu'il en soit, faire préparer le déjeûner. J'espère que nous nous quitterons bons amis ».

Il ne tarda pas longtemps à revenir : « Monsieur, me dit-il, je suis un homme pauvre, je vous en ai donné des preuves non équivoques, et qui me coûteront bien des remords devant Dieu et devant les hommes. J'éprouve déjà dans mon cœur le châtiment de ma conduite : on peut mettre un prix à ses plaisirs ; on n'en met point à son honneur : vous êtes Français, je n'en dirai pas davantage ». A ces mots il va faire préparer un excellent dîné; des poissons exquis, un vin délicieux, un succulent cochon de lait rôti en firent les frais : on ne parle plus ni de conventions, ni d'avances : on se sépare avec promesse de se revoir : nous faisons voile vers Salonique.

CHAPITRE XI.

Tableau de l'île et de la ville de Naxia. Fou d'Alexandrie : vieille encore plus folle.

A la faveur d'un beau temps du sud - est nous arrivâmes bientôt à Salonique; des Turcs nolisèrent notre vaisseau pour aller à Alexandrie porter les pélerins de la Mecque, au nombre de trois cents, qui s'embarquèrent : nous partîmes pour les aller déposer en Égypte. Notre voyage fut court, quoique le mauvais temps nous eût fait relâcher à l'île de Naxia. Cette île est peu considérable; elle est peuplée de Grecs ; les maisons y sont bâties à l'antique : au milieu de la ville est une grande place où se trouve un arbre que l'on nomme *caroubier* : l'on voit encore que les branches de cet arbre extraordinaire étoient supportées par cent colonnes de marbre de

Paros. C'est dans cette ile que le fameux Hypo-
crate prit naissance. Sous peu de jours, nous
quittâmes Naxia et nous nous rendimes à
Alexandrie. Nous séjournâmes dans la rade de
cette ville quinze jours, en attendant un nolisement favorable pour la France. Comme nous
avions la liberté de descendre à terre, et que
nous étions occupés à visiter la ville et les lieux
marchands, nous vimes venir de loin un Turc,
qui nous parut fou ou imbécille; il étoit tout nud,
couvert de boue; seulement un chiffon vert en-
touroit sa tête en guise du turban. Cette espèce
d'homme effroyable, tant par son air égaré que
par sa malpropreté, trébuchoit, en faisant à pas
comptés son chemin : il s'arrétoit à chaque boutique, prenoit ce qui lui convenoit le mieux, le
gardoit ou le jetoit au milieu de la rue; les Turcs
assis dans leurs boutiques, se croyoient protégés du prophète Mahomet, lorsqu'ils voyoient
le fou s'arrêter à leur boutique, y faire quelque
trait de folie, surtout emporter ou jeter par
terre quelques marchandises, prendre du pain,
ou d'autres comestibles : ils regardoient ces
prouesses comme autant de faveurs de Dieu,
et de gages certains de la prospérité de leur
commerce.

Mais ce qui parut le plus étonnant aux voyageurs, et qui faillit leur coûter la vie, ce fut le

trait suivant d'une vieille Ottomane : Cette
femme voyant de loin le fou, court vîte au-de-
vant de lui et l'aborde. D'une main elle tire son
voile de côté, afin de lui laisser une partie de sa
figure découverte, et de l'autre main elle prend
à genou la partie du fou, que la décence ne permet pas de nommer ; malgré qu'elle fût plus
malpropre que la boue même, elle la baise et la
porte à son front. Le saint homme ne fait aucune résistance : la femme suit son chemin, et
le fou, avec un air dédaigneux, continue sa
marche nonchalante. Témoins d'une action si
bizarre, nous ne pûmes nous empêcher d'éclater de rire ; il y avoit beaucoup d'Arabes qui
nous regardoient ; ce rire les scandalisa : ils pen-
sèrent que nous nous moquions du fou et de leur
fanatisme : dans l'instant nous nous vîmes as-
saillis de coups de pieds, de coups de poing, et
même menacés de coups de cimeterres ; on nous
traite de *chiens*, de *cochons* ; heureusement
pour nous, les janissaires qui étoient auprès du
consul mirent le hola, et nous préservèrent
d'une mort certaine.

L'interprète nous dit que nous avions eu tort
de nous arrêter, qu'il falloit suivre notre chemin ; que les Turcs regardoient les insensés, les
fous, comme des saints, des hommes protégés
du prophète ; ils sont même si fanatiques, que si

un fou a quelques vêtemens, les Turcs enthou-
siastes cherchent tous les moyens de lui en couper un morceau, pour en faire une relique,
qu'ils cousent dans le dedans d'un bonnet de
drap rouge, au - dessous de leur turban. Cette
relique, s'il faut les en croire, les préserve de
beaucoup de maladies.

CHAPITRE XII.

Ile de Nicaria ; ses productions : mœurs de
ses habitans.

Après quelque séjour dans Alexandrie, les
Turcs nous nolisèrent, et nous chargèrent de
dattes, de riz et de coton pour Smyrne. Le
chargement fini, nos expéditions prêtes, nous
partîmes avec un vent du sud, qui nous conduisit jusqu'à l'ile de Samos, près l'ile de Nicaria. J'ai déjà dit que l'ile de Samos étoit fertile,
abondante en vins excellens, surtout en vin
muscat, supérieur à celui de Montpellier.

Entre l'ile de Samos et l'ile de Nicaria, il y
a un détroit d'une lieue, qu'il faut déboucher
pour aller soit à Constantinople, soit à Smyrne
ou à Salonique; il est impossible de le passer,
tant que le vent du nord souffle. Arrivés à l'embouchure du détroit, nous fûmes arrêtés par les

vents contraires, et en louvoyant nous vîmes
une lumière étincelante sur le sommet de la
plus haute montagne de l'île de Samos. La montagne nous parut très-escarpée, et d'une hauteur énorme : depuis son sommet jusqu'à la
mer, elle est taillée si perpendiculairement,
que l'on croiroit y reconnoître l'industrie de
l'homme, s'il étoit possible que ce ne fût point
l'ouvrage de la nature seule. La lumière qui est
sur le sommet, ne peut être visitée de près, à
cause des escarpemens de rochers et des préci-
pices qui sont impraticables.

L'île de Nicaria est inhabitée, si ce n'est qu'on
y voit quelques bergers, chargés de la garde
d'une certaine quantité de chèvres qui sautent
de rochers en rochers. Ces bergers vivent d'un
peu de pain qu'ils font avec de la farine que les
Grecs des autres îles leur portent dans des temps
sereins : on ne peut aborder cette île; elle n'a ni
port, ni mouillage : les habitans font des trocs,
donnent des chèvres, des fromages, du lait,
et du miel excellent, qu'ils récoltent en abondance.

Comme il nous étoit impossible de passer le
détroit, nous cherchâmes un petit passage qui
se trouve entre l'Asie mineure, à l'autre pointe
de l'île de Samos : tous les soirs, sur les neuf
heures, il y a un petit vent de terre qui facilite

ce passage. Cette route nous réussit : après l'avoir traversée avec les vents, au large, nous arrivâmes entre l'île de Scio et une ville de l'Asie mineure où Natolie, que l'on nomme Echelle-neuve. Les vents nous reprirent avec tant de force, quene pouvant pas tenir la mer, à cause de la proximité des iles et de la terre, où nous craignions d'être jetés pendant la nuit, nous prîmes le parti d'encrer dans le port de l'Echelle-neuve.

Il y a beaucoup de Turcs en cette ville. Les Grecs habitent un quartier séparé des premiers. Elle est construite comme les autres villes turques : le logement des femmes est séparé des quartiers marchands : une douane perçoit beaucoup de droits des marchandises importées sur des bâtimens grecs et autres. Ceux des Grecs qui habitent un grand village hors de la ville, font un commerce très-actif avec les marchands de l'île de Scio qui est tout proche.

L'île de Samos, Smyrne et Constantinople importent et exportent toute espèce de marchandises, ce qui rend le produit de la douane assez considérable.

L'Echelle-neuve n'est éloignée de Smyrne, par terre, que d'environ vingt lieues ; le trajet par mer est au moins de cent.

Le capitaine, craignant qu'un trop long sé-

jour ne fit présumer le naufrage du vaisseau,
m'envoya par terre, porter la nouvelle de son
arrivée à l'Echelle-neuve. C'est dans ce petit
voyage que je fus témoin d'un autre excès du
fanatisme des Turcs.

CHAPITRE XIII.

L'Échelle-neuve : sa description. Despotisme d'un bacha. Conséquence d'un salut turc adressé à un Grec.

VERS la moitié du chemin de l'Échelle-neuve à Smyrne, je trouvai une grande et vaste maison où logeoit un bacha, nommé *Carasseman-Aulou*, c'est-à-dire, *fils de Carasseman.* Cet homme est *despote* dans cette contrée : il fait passer ce qu'il juge à propos, et le moins qu'il peut, de contributions au sultan, quoiqu'il en reçoive beaucoup , et il a continuellement deux ou trois mille hommes à sa solde, qu'il loge et nourrit chez lui. Une singularité remarquable, c'est que le bacha de Smyrne est son antagoniste. Ce dernier exécute ponctuellement les ordres de la Porte, et rend au gouvernement un compte fidèle de sa mission ; il est même nommé à cette place par le sultan, au lieu que l'autre se nomme lui-même, et rend sa place héréditaire : c'est par cette raison qu'il s'appelle *fils de Carasseman*, parce qu'il tient sa place de Carasseman son père. Celui-ci se moquoit des ordres supérieurs, et commandoit quarante lieues de pays dans l'Asie mineure, avec une autorité absolue : il faisoit lever des contributions exorbitantes sur le peuple. A sa mort, il laissa des trésors immenses et ses principes à son fils, qui suivoit ses traces et renchérissoit sur sa tyrannie ; il faisoit même mourir par des coups de bâtons sous la plante des pieds, les Turcs ou les Grecs qui ne payoient pas les contributions ou les amendes qu'il leur imposoit. Comme les Turs, en grande partie, ne vouloient pas le servir, dans la crainte d'être arrêtés par les surveillans du bacha de Smyrne, il étoit forcé de grossir sa troupe par des gardes auxquels il permettoit de porter un turban blanc, et de prononcer le mot de *salamalek* lorsqu'ils se rencontroient avec des Turcs.

On sait qu'il est défendu à tout Chrétien d'aller à cheval sur le territoire de la Turquie; mais, en vertu d'une permission, je me promenois sur une belle jument européenne, avec un Turc et un Grec, quand tout-à-coup j'aperçus un cheval qui couroit à bride abattue, et s'avançoit du côté de l'Échelle-neuve : nous sui-

vions au petit galop le chemin de Smyrne. Le
Turc qui m'accompagnoit ne connoissoit ni le
Turc armé, ni le turban blanc sur sa tête : le
prenant pour un Turc, il se met à lui crier :
salamalek. — Le Grec lui répond : Que Dieu
soit avec vous ! et l'autre, qu'il soit également
avec vous ! Après que nous nous fûmes croisés
chacun de notre côté, le Grec qui étoit avec
nous dit à notre Turc : « Vous voyez bien cet
homme, à qui vous avez dit *salamalek*, il est
de ma religion, il est Chrétien ». Le Turc s'arrête tout-à-coup, jure après le faux Turc qui
fuyoit, et s'écrie : « Rends - moi mon *salam*,
ou je te tue ». A ces mots il lâche la bride sur
le cou de son cheval, tire son cimeterre, s'arme
des pistolets qu'il portoit à sa ceinture, et court
après le cavalier grec déguisé, l'appelle de loin :
« Infidèle, infidèle, arrête ! arrête ! »

Le Chrétien se retourne, et sans s'émouvoir :
« Que me veux-tu ? » Le Turc le couche en
joue : « Rends - moi, lui dit - il, rends-moi,
chien, le *salamalek* que j'ai eu le malheur de
te donner ». — « Je vais te le rendre, répond
le Chrétien, qui cependant s'arme aussi de son
pistolet, tout prêt à tirer, si le Turc ne se trouvoit pas satisfait : il lui crie à haute voix: *salamalek.* Le Turc accepte le salut, et lui répond :
Je te remercie. L'un et l'autre alors tournent

la bride de leurs chevaux, et chacun suit sa route. Ce Turc nous ayant rejoint, nous dit : « Ha ! ha ! je lui ai bien fait rendre mon *sala-malek !* j'aurois été dans un bel embarras s'il me l'avoit emporté ! » Nous nous contentons de rire et de l'applaudir.

Chemin faisant, le Turc nous dit : « Ce n'est pas la faute de ce Chrétien ; vous voyez qu'il porte sur sa tête profane l'illustre turban blanc, et qu'il a tout le costume d'un vrai croyant, tandis qu'il n'est qu'un *jaour.* C'est la cupidité de ce monstre de *Carasseman-Oglow*, qui, faute de vrais croyans, se sert des Chrétiens pour augmenter sa troupe de voleurs et de rebelles ; mais il viendra un jour que Dieu le punira ». En effet, quelques années après, le sultan lui envoya des *capigis-bachis*, pour lui trancher la tête ; mission difficile à remplir, vu que ces bourreaux ont toujours à craindre qu'en allant remettre les ordres dont ils sont porteurs, ils ne perdent eux-mêmes la leur.

CHAPITRE XIV.

*Adresse des bourreaux turcs. Richesse de
Carasseman-Oglow.*

Voici comment les capigis s'y prirent pour
parvenir à trancher la tête de Carasseman-
Oglow. Ils vinrent à l'Échelle-neuve avec un
bateau chargé de marchandises : ils se firent,
avec beaucoup de discrétion, passer pour des
marchands de Constantinople, et se gardèrent
bien de parler de l'objet de leur commission,
pour ne pas alarmer les surveillans de Carasseman-Oglow.

Après un séjour de trois mois, ils lièrent
connoissance avec quelques-uns de ses gens : ils
attendoient le temps où ils devoient retourner
auprès de leur maître. Alors les faux marchands leur demandèrent l'agrément de faire
avec eux une partie de voyage, disant qu'ils
alloient à Smyrne pour affaire de commerce,
et qu'ils seroient bien aise de prendre l'hospitalité auprès de Carasseman-Oglow, comme il
est d'usage parmi les Turcs, qui ne la refusent
jamais. Ceux-ci qui s'étoient familiarisés dans les
cafés avec les capigis bachis, ne se doutoient
de rien, et leur dirent que cela leur feroit plai-

sir. Ils partirent donc tous ensemble après le dîner, et arrivèrent la nuit à l'hôtel de Carasseman-Oglow, qui, par son étendue, ressembloit plutôt à un village qu'à une maison.

Le premier soin de nos gens fut d'aller donner le *salamalek* au despote, afin d'en obtenir l'hospitalité. Ce dernier les reçut poliment, et s'entretint avec eux en attendant le souper : il leur demanda des nouvelles de la capitale, comment se conduisoit le capitan bacha, s'il étoit en odeur de grace auprès du sultan ; ce que l'on disoit à la cour sur les pertes que les Turcs avoient éprouvées de la part des Moscovites, etc. Ceux-ci répondoient à-peu-près sagement. On servit le souper. Le repas fini, le café pris, les pipes fumées, on se retira pour se coucher : les capigis étant seuls dans une pièce particulière, forment le projet de se lever le lendemain matin un peu avant le despote, et d'entrer dans le lieu où il étoit accompagné d'un seul domestique chargé de lui donner les choses nécessaires à sa toilette. Ils entrent tous deux et quittent leurs *babouches*, une main sur leur poitrine, l'autre tendue, et disant leur *salamalek*. Il est à observer que les Turcs ne souhaitent jamais le bonjour à quelqu'un de leur secte, qu'il n'ait prié Dieu le matin : ceux même à qui on souhaiteroit le bonjour, et qui n'auroient pas fait la prière, ne répondroient pas : mais ils étoient certains que Carasseman-Oglow avoit fait la sienne; le bonjour fut donc réciproque; le despote demande aux voyageurs comment ils avoient passé la nuit : « On va, leur dit-il, vous servir le café avant votre départ, et si vous desirez repasser par ici, lorsque vous retournerez à l'Échelle-neuve, je vous recevrai avec plaisir ». Ils se lèvent et vont pour lui baiser sa main (chose usitée parmi les grands): Carasseman leur présente la sienne ; aussitôt l'un d'eux lui détache un coup de damas plus tranchant que le meilleur rasoir, et lui fait rouler la tête sur le sopha : l'autre la prend, l'enferme dans un sac , et tous deux sortent, les pistolets chargés à balles, prêts à faire feu sur quiconque auroit voulu les arrêter. Il n'y avoit encore que très-peu de gardes de levés ; les Turcs sont paresseux, et d'ailleurs ils n'auroient osé rien entreprendre , vu le *firman* du grand-seigneur, qui enjoignoit à tout individu réclamé par les capigis-bachis, de prêter main forte et de leur aider à exécuter ses ordres. Lorsqu'ils furent dehors, ils s'enfuirent à bride abattue jusqu'à Smyrne, où ils arrivèrent en trois heures de temps. Ils descendirent à l'hôtel du bacha, pour lui annoncer la mort du

tyran. Ce dernier envoya une cohorte de janissaires, pour prendre possession des biens de
Carasseman-Oglow.

Il est impossible de détailler les grandes ri-
chesses trouvées chez lui : il fallut six mois
entiers pour charier à Smyrne et à l'Échelle-
neuve tous ses effets, sans y comprendre quarante femmes qu'il avoit dans son sérail. Tout
le bien, or, argent, meubles riches, tout fut
transporté à Constantinople, sur vingt vaisseaux : il en fallut plus de trente autres pour
enlever les blés qu'il avoit serrés pour ses provisions, et pour celle de ses trois mille chevaux.

CHAPITRE X·V.

Étrange traitement envers des Troubadours turcs.

L E S capigis-bachis, après avoir montré la tête au bacha de Smyrne, partirent pour Constantinople, étalèrent devant le visir ce trophée sanglant, et reçurent un présent de mille sequins, avec la promesse d'une bonne récompense de la part du sultan. Ils l'avoient bien méritée; ils avoient fait un voyage dangereux et coûteux; ils avoient risqué leur vie, et leur séjour à l'Échelle-neuve avoit été de trois mois.

Carasseman-Oglow avoit un neveu près de Guzelassar, à vingt-cinq lieues de la maison de son oncle : c'étoit un jeune homme turbulent, concussionnaire comme lui ; il se nommoit *Éles* aga : il aimoit beaucoup les chansons faites à sa louange, et tous ceux qui se mêloient d'en faire, venoient chez lui, l'accompagnoient d'un instrument qu'ils appellent *chiour*. Cet instrument est à-peu-près construit comme une guitare. Un jour, deux Turcs entrent chez lui après le dîner, et lui demandent si leur talent lui feroit plaisir ? «Commencez, leur répondit-il».

Les chanteurs accordent leur instrument, et débutent par quelques hymnes de guerre ; ensuite ils chantent la beauté de ses femmes ; ils accompagnent même leurs chansons de postures indécentes. Celui-ci écoute avec indignation toutes ces louanges, qu'il prend pour des injures ; il croit que ces malheureux ont eu l'intention d'allumer des desirs criminels dans le cœur de ses amis qui étoient présens. Furieux de voir violer en sa personne l'usage des Orientaux, de ne jamais parler en société des femmes d'autrui, il punit ces audacieux, en les livrant à la lubricité de tous ses domestiques: il y en avoit plus de cinquante : ses ordres furent ponctuellement exécutés. Cette scène horrible eut lieu avant la mort de son oncle, et son évasion qui la suivit.

C'est à Smyrne que nous apprîmes la fin tragique de Carasseman-Oglow, la fuite de son neveu et la joie du peuple enchaîné sous sa domination. Il la fit éclater par des fêtes, à plus de trente lieues à la ronde.

Quand nos marchandises furent débarquées, nous attendimes qu'il se présentât un nolisement. Dans cet intervalle, M. de Peyssonel, qui étoit consul à Smyrne, me fit appeler, et m'annonça qu'il venoit de recevoir des ordres pour remplir la place, par *interim*, d'ambassadeur à Constantinople, qu'il devoit se rendre incessamment dans cette capitale, et qu'il me retenoit auprès de lui. Je le suivis à Constantinople, où il me garda près de lui deux mois, pendant lesquels je me faisois un plaisir d'aller souvent aux bains: je les trouvois bien plus beaux que ceux de France, et meilleurs pour la santé, surtout pour les rhumatismes.

CHAPITRE XVI.

Description des bains de Constantinople.

Un vaste logement est destiné aux bains, qui sont fort en usage à Constantinople; on entre dans un salon garni d'un sopha tout autour, où chacun peut s'asseoir. Le Turc qui en est le maître, se tient sur un autre sopha plus petit, ayant à côté de lui une cassette pour serrer l'argent qu'on lui donne. C'est dans ce premier salon que les hommes se déshabillent jusqu'à la chemise; ils vont ensuite dans une pièce voisine, un peu chaude, où ils trouvent un domestique turc noir ou blanc, qui leur présente une grande serviette, ouverte dans toute sa largeur; en la leur offrant, il a les bras étendus et le visage couvert: il en donne une seconde pour se couvrir la tête et les épaules. On reste dans ce deuxième salon le temps qu'il faut pour s'accoutumer à la chaleur. De-là on est conduit dans une pièce encore plus chaude : c'est là que l'on commence à sentir un plus grand degré de chaleur ; on y demeure environ un quart d'heure, après quoi on entre dans le lieu le plus chaud. Il y a une table de marbre de deux pieds de haut, très-chaude. Lorsqu'on y a resté une demi-heure, la sueur coule du corps et du visage : un domestique arrive avec des serviettes sèches et blanches, demande si on veut être décrassé. Il tient à la main une espèce de gand sans doigts, d'une étoffe rude, dans lequel il enfonce sa main, et fait étendre le baigneur sur le marbre chaud. Il commence alors à prendre une jambe qu'il frotte avec son gand, de bas en haut : il continue de la jambe à la cuisse et par derrière les épaules. Après avoir ainsi frotté, il apporte un bassin dans lequel il y a une eau de savon mousseuse, ainsi qu'une poignée d'étoupes, dont il se sert au lieu d'éponge. Lorsqu'il a fini, il demande si l'on veut être rasé, épilé ; (c'est l'usage ordinaire des Orientaux ; hommes et femmes se font épiler). Lorsqu'une femme se trouve débarrassée des infirmités attachées à son sexe, avant d'habiter avec son mari, elle est obligée d'aller au bain, et elle se fait épiler par

les femmes qui servent dans les bains les jours
que les hommes n'y entrent pas : on lui présente
un bassin dans lequel il y a une poudre épila-
toire délayée ; elle s'en frotte avec une éponge.

Quand on a été frotté, lavé, rasé, épilé, on
entre dans un petit cabinet qu'on ferme après
soi, et dans lequel on trouve une fontaine à
deux robinets, dont l'un donne de l'eau chaude,
l'autre de l'eau froide, et un bassin argenté, attaché avec une longue chaîne à un bloc de
marbre. L'on ôte les serviettes, et on se lave à
son aise. Le tout étant fini, l'on frappe ; un domestique se présente avec des serviettes blanches,
et l'on quitte celles qui sont mouillées pour en
prendre de nouvelles. On passe de ce cabinet
dans le salon le plus chaud, quelque temps après
dans celui qui l'est moins, et par gradation dans
celui où l'on a laissé ses habits ; on apporte ensuite du café. L'on ne taxe pas le prix du bain ;
les Turcs paient dix parats, douze sols de France :
mais les étrangers paient davantage.

CHAPITRE XVII.

Marchés de Constantinople. Aventure.

Un jour j'allai dans les *Besestins*, pour y jouir du spectacle enchanteur qu'offre la quantité des marchandises de toute espèce qui y affluent de toutes les parties du monde. J'observois le costume des différens marchands, cette variété de nations, de Turcs, de Grecs, d'Arméniens, de Maronites, de Juifs, tous assis à la manière turque, sur un sopha ; je remarquai que si l'on demandoit un article à acheter, et que l'on dit un prix, il ne falloit pas marchander, avec les Turcs surtout, jamais ils ne surfont ; c'est à prendre ou à laisser : veut-on en rabattre ? ils font signe de la tête qu'il n'y a rien à diminuer. Les Arméniens, les Maronites en font de même ; les Juifs, au contraire, qui sont les mêmes sur toute la surface de la terre, ont le détestable usage de surfaire leurs marchandises de moitié, et il est difficile de ne pas être surpris par ces Israélites. Ils n'ont pas la probité des Turcs, qui se contentent, dans le commerce, d'un bénéfice raisonnable et modéré. En un mot les Juifs le sont toujours.

Après avoir fait le tour des Besestins, j'allois rentrer à l'hôtel de l'ambassadeur; chemin faisant, j'aperçois une porte entr'ouverte; elle étoit tenue par une jeune négresse qui m'avoit vu passer, et qui me reconnut pour l'étranger que sa maîtresse lui avoit désigné par les petits carreaux de sa croisée, faits en forme de grillage: cette négresse m'adressa la parole, et me dit en mauvais turc: *Quel janon quel yocare benume caden sana chegren*: Venez mon cœur, ma maîtresse m'a ordonné de vous prier de monter chez elle. — Votre maîtresse n'ignore pas que personne n'a le droit d'entrer dans les appartemens des femmes, surtout lorsque le maître de la maison est absent. Elle me répliqua dans l'instant: Ne craignez rien, mon maître est parti pour exécuter des ordres supérieurs, et il est absent pour plus de trois mois. Cette réponse me rassura; je me laissai entraîner par l'ardeur de la jeunesse, et par un fond de courage qui m'a rarement trompé. Je monte; grand Dieu! que vois-je? une Vénus. Je parois tout tremblant; je tourne la tête de tous côtés pour examiner si dans ce jardin des Hespérides, je n'avois pas à craindre quelque dragon caché. Ne voyant que tant de charmes, et le plaisir devant moi, mes craintes disparoissent. Il ne me restoit plus qu'un peu de timidité, de cet em-

barras inséparable d'une situation aussi nouvelle. Je m'approche, incertain, et d'une main
tremblante, j'allois ôter mon chapeau, quand
elle s'y opposa, et me dit : « Déchausse-toi, mon
cœur ». A ces mots elle me tend deux bras aussi
blancs que le marbre de Paros. « Viens, me
dit-elle, te reposer auprès de moi, sur le sopha ».
La négresse comprit, par les signes de sa maîtresse, qu'il falloit m'apporter du sorbet, des
eaux de fleur d'orange et de rose pour m'arroser,
et un réchaut pour y faire brûler de l'aloës
et parfumer toute l'enceinte du sopha, lit char-
mant, dépositaire de tous les plaisirs que j'attendois. Tant d'apprêts séduisans ajoutoient à
l'impatience de mes desirs. Ce temps, j'ose le
dire, ne fut cependant pas perdu : ses yeux
mourans étoient fixés sur moi ; ma main qu'elle
avoit saisie, étoit pressée dans la sienne.

Elle entre en conversation, et me demande
le lieu de ma naissance, mon état, mon âge : je
répondis ingénument à toutes les questions
qu'elle me fit. « J'appartiens, ajouta-t-elle, depuis un an à Cassan aga ; il n'est point d'un caractère jaloux. Hélas ! les hommes de notre
nation n'ont pas sujet de l'être : nous sommes
toujours recluses, et ne pouvons guère voir
d'autres individus que celui à qui nous appar-
tenons. Quelle tyrannie affreuse exercée sur un

jeune cœur ! Quel déplorable sort pour une
femme sensible! je l'avoûrai cependant, Cassan
ne m'a point donné de rivales, grace au ciel, je
n'ai point à me plaindre de cet outrage : il se
connoît assez, il sait qu'il ne peut partager le
froid-amour qu'il a pour moi; ainsi mes jours
s'écoulent dans des privations continuelles ; je
repose vâinement mes espérances sur une cendre
froide qui cache et trahit mon feu. Cassan honnête, mais fade, infatué de sa personne, me
parle à peine : son langage n'a rien d'expressif,
rien de tendre pour moi; il exige au contraire
que je prévienne tout ce qui peut lui être agréable.
Combien de peines pour émouvoir son cœur,
pour le préparer à l'espérance au moins du plaisir ! Trop jeune encore, je n'ai pas l'art de res-
susciter un mort. Quand il rentre le soir, je
m'empresse de l'embrasser, de lui faire mille
caresses. (Permettez-moi, mon cœur, de vous
embrasser de même, et de vous presser dans
mes bras.) Voilà la manière dont je lui pro-
digue mes caresses ». Ce geste, ces accens, ces
appas, tout m'énivre ; aussi je ne fus jamais
aussi reconnoissant.

Il n'est point de rose sans épine; au milieu
des plaisirs, je ne pus m'empêcher de réfléchir
au danger auquel je m'étois exposé : « Votre
beauté, lui dis-je, m'entraîne invinciblement

vers vous ; mais si par malheur votre mari entroit....». Elle se hâta de m'interrompre en me
disant : « Je sais mieux que toi tout ce qui m'ar-
riveroit ; mais je pourrois te sauver en péris-
sant : je déclarerois devant les juges que c'est
moi qui t'ai provoqué et je serois seule punie.

Deux heures s'étoient écoulées dans un tor-
rent de volupté ; le temps avoit perdu ses ailes,
et celles de l'amour se sentoient un peu affoi-
blies : il étoit tard ; j'étois éloigné de mon quartier. Je me hâte de réparer le désordre où je me
trouvois ; j'embrasse plusieurs fois ma chère Musulmane, et lui demande la permission de me
séparer d'elle. « Et pourquoi ! s'écria-t-elle, en
me tenant pressé contre son sein ; reste encore
avec moi ! que crains-tu ? Songe, ô mon ami
Français, que mon *coja* ne reviendra que dans
trois mois ». J'eus la force de me défendre ;
j'allois me séparer d'elle, quand elle me dit :
« Il faut que tu me donnes des preuves de ton
affection, en recevant le foible présent que je
te prie d'accepter : si tu le refuses, je connoîtrai
par-là le peu de cas que tu fais de ma personne ».
Elle tire aussitôt de dessous un coussin du sopha
une bourse de soie, qu'elle avoit brodée elle-
même en fleurs de fils d'or et d'argent de diverses couleurs ; elle contenoit cinquante sequins
et une bague d'un grand prix. L'émeraude qui

étoit enchassée dans cet or, étoit d'une grosseur considérable, et d'une très-belle eau : elle étoit si belle, qu'elle a été estimée par les lapidaires mille piastres du Levant, à-peu-près deux mille quatre-cents livres de France.

Je refusai d'abord ce témoignage de sa générosité : « Ne dédaigne point, dit-elle, ce foible gage de mon amour ». Voyant que j'allois encourir sa colère, je finis par l'accepter et m'arrache de ses bras ; des larmes coulent de ses yeux, et moi, plein d'une agitation extrême, je descends et reviens à l'hôtel du consul.

———

CHAPITRE XVIII.

Mission donnée au voyageur par Peyssonel.
Amours d'un Chrétien et d'une esclave
turque. Leur fin tragique.

QUAND je fus dans mon lit, l'image de ma
charmante Caden Marien eut beau se retracer
dans ma mémoire, les plus tristes réflexions
vinrent s'emparer de mon ame. J'aimois la vie,
et nul doute que si le maître du logis étoit arrivé, elle et moi nous n'eussions été perdus:
même danger, même sort. J'avois encore un
autre danger à courir, si quelque voisin m'avoit
aperçu, quand j'entrois dans ce fatal endroit.
Comme les maisons qui enferment les femmes
sont séparées de celles de commerce et des atteliers où se fabriquent toutes les espèces de choses
nécessaires, et que les femmes enfermées sont
voisines les unes des autres, et se parlent à
travers les grilles des fenêtres, il auroit pu se
faire que quelqu'une m'eût vu. Je n'aurois pu
échapper : par jalousie ou par motif de religion,
elles n'auroient pas manqué de me faire arrêter;
et par contre-coup Marien auroit elle-même été
sacrifiée. Enfin, le sommeil vint dissiper ces
idées.

Le lendemain, sur les onze heures du matin je me rendis chez M. de Peyssonel, pour lui demander ses ordres. Il m'annonça que sous huit jours il falloit me préparer à partir. Il me dit qu'on lui avoit promis un jeune Turc pour m'accompagner ; que je serois chargé d'apprendre à ce jeune homme appelé *Charles*, la langue française, qu'il étoit fils d'une femme grèque attachée à l'hôtel de l'ambassadeur français ; que la destination de mon voyage étoit d'aller faire le relevé de toutes les îles de l'Archipel, afin qu'on pût corriger les fautes qui sont sur la Carte d'Olivier et de Berthelot ; qu'il desiroit que je misse tout le temps nécessaire pour un pareil voyage ; que de son côté, il me feroit tenir les frais ; qu'il ne manqueroit pas de faire valoir mes services à la cour, et que j'en serois récompensé. Je profitai de cet instant pour lui demander un petit consulat dans les îles du Levant ; ce qu'il me promit.

Pendant les huit jours que je restai à Constantinople pour attendre les ordres du consul, je m'amusai à parcourir la ville ; un jour que je passois dans le quartier où demeuroient quelques femmes, j'entends des cris, je vois beaucoup de monde arrêté ; je m'approche de ce tumulte et je reconnois un malheureux Chrétien, Génois de naissance, que l'on tenoit d'un côté, et une

femme turque de l'autre. Le Génois pouvoit
avoir trente ans. Je ne vis pas la physionomie
de la femme, parce qu'elle étoit voilée : on les
conduisoit l'un et l'autre chez le janissaire-aga.
Voici le sujet de ce bruit. Le jeune homme passoit sur les deux heures après midi sous les fenêtres du logement d'un Turc : une femme
l'aperçut et lui fit signe d'entrer. Aussi imprudent, mais moins heureux que moi, il s'abandonne à la tentation : il entre ; il ne savoit pas
la langue du pays, la femme ignoroit celle du
Génois. Ainsi entre ces deux amans, que le hazard ou plutôt un sort funeste venoit de réunir,
l'amour se fit à la muète ; la femme fit signe des
yeux qu'ils étoient seuls : on ferme la porte.
Il n'y avoit pas une heure qu'ils étoient ensemble
quand le Turc, maître de la femme qui n'étoit
que son esclave, surprit l'Italien en désordre
avec elle. Jugeant bien qu'ils avoient profané la
loi, il les fit conduire au tribunal de la justice.
L'Italien, qui n'étoit sous la protection d'aucun
consul, ne fut réclamé de personne : ils furent
jugés l'un et l'autre à mort, et la sentence fut
exécutée le même jour. On les fit périr à force
de coups de bâton sur la plante des pieds. Cette
aventure fut bientôt rapportée dans le faubourg
de Péra, où sont tous les Européens. On se con-
tenta de plaindre le pauvre malheureux qu'on

n'avoit pu soustraire à l'exécution de ce jugement inique, et bientôt il n'en fut plus parlé.
Cet accident fit particulièrement sur moi une
grande impression : je me félicitai d'être échappé
à un supplice semblable. Je pris fortement la résolution de renoncer au desir que j'avois de revoir, avant mon départ, ma Caden Marien : je
préférai me livrer à tous ses reproches d'ingra-
titude, plutôt que de risquer de faire périr cette
aimable femme, et de subir le même sort. Ces
réflexions judicieuses me déterminèrent à étouf-
fer absolument l'amour que j'avois pour elle ;
ce ne fut pas sans peine : il m'en coûta beaucoup
tant que je demeurai à Constantinople. Cette
superbe et généreuse femme occupoit sans cesse
mon esprit; elle étoit sans cesse devant mes yeux.
Si j'avois resté plus longtemps dans cette ville,
il ne m'auroit pas été possible de résister, au
péril même de la vie, au desir de la revoir. Souvent je m'accusois de lâcheté ; je me disois que
d'ailleurs son *coja* étoit en mission ; qu'il ne devoit arriver que dans trois mois; que mon ingra-
titude étoit une noirceur aux yeux de Marien ;
que toute sa vie elle me la reprocheroit : enfin
ma raison et la crainte d'être vu par d'autres
femmes ses voisines, tout me retint jusqu'au
moment de mon départ. Une fois le délai de
mon séjour expiré, j'allai trouver M. de Peys-

sonel, qui me donna un passe-port en forme, apostillé du capitan-bacha, despote de toutes les îles de l'Archipel.

Nous partîmes, Charles et moi ; nous arrivâmes bientôt à l'île de Samos, que je préférois à toute autre, pour y faire non seulement mon domicile, mais encore afin d'être à portée d'en sortir pour aller observer et visiter les petites îles voisines, avec un léger bateau à voile et deux hommes grecs que je prenois à la journée. Chaque fois que je sortois de Samos, je faisois un petit voyage de quatre à cinq jours, et je n'y rentrois que pour y transcrire mes observations. Je continuai le même travail l'espace d'un an, ayant toujours la précaution d'envoyer la copie collationnée de mes journaux à M. de Peyssonel, qui par ses réponses m'encourageoit et m'ordonnoit de ne point suspendre mes observations.

CHAPITRE XIX.

Séjour dans l'île de Samos. Le voyageur devenu docteur par impromptu. Réputation que lui procure la guérison de l'aga. Introduction à Caura de l'usage des lavemens.

LES habitans grecs de la ville principale, nommée *Caura*, à une petite lieue de la mer, m'invitoient souvent à leur table, ainsi qu'un aga et un cadi (1). J'étois forcé de manger avec les doigts, sans fourchette, assis par terre, et de boire de l'eau comme eux, malgré qu'on recueillît en ce pays d'excellent vin en abondance. Les primats m'invitèrent également; la nourriture que j'y prenois étoit presque toujours en maigre, à cause de la multiplicité de leurs carêmes. Ces bonnes gens, lorsqu'ils ressen-

(1) Ce sont des officiers qui rendent la justice et perçoivent les rétributions, c'est-à-dire le *carache*. (C'est une taxe personnelle pour chaque tête mâle). Ils contraignent les pères de famille et leurs fils à venir prendre leur carte plus ou moins forte, et ce, suivant leurs facultés. Il n'y a que trois sortes de carte, la grande, la moyenne et la petite.

toient quelques légères indispositions, me con-
sultoient sans cesse sur leurs maladies, ils me
demandoient si je ne pouvois pas leur enseigner
quelques remèdes : je leur disois à-peu-près,
et sans en tirer vanité, ce que je prévoyois pouvoir leur procurer quelques soulagemens. Je
leur ordonnois la diète, des tisanes d'orge
mondé, de réglisse et d'une pomme. Je me fis
apporter de Smyrne, par des marchands qui
faisoient ce voyage tous les quinze jours, du
tartre, de l'émétique, de la rhubarbe, et quelques autres purgatifs, enfin plusieurs drogues absorbantes, anodynes, astringentes,
et des emplâtres résolutifs. J'avois appris l'usage
de ces drogues, du chirurgien de nos vaisseaux.
La lecture de livres qu'il me prêtoit, contribuoit
à me faire passer le temps sans ennui, et m'instruisoit un peu, de manière que me voilà tout-
à-coup devenu médecin, et par-dessus tout chirurgien de la ville de Caura. L'aga fut le premier qui me mit à portée de dire : *Faciamus
experimentum in animá vili :* il lui survint
une grosse fièvre. Elle lui causoit un mal de tête
si violent, qu'il ne pouvoit plus supporter l'o-
reiller ; il avoit une soif inaltérable, une chaleur brûlante au visage, et tous les symptômes
d'une fièvre maligne. On me vint chercher de la
part de l'aga, qui me dit : « Je te prie, Fran-

6

çais, de faire tout ce que tu pourras pour me
guérir; je te récompenserai très-bien». Je lui
dis: « Aga, je ne suis pas bon médecin, mais je
ferai ce que je pourrai, aye seulement confiance
en moi, et prends courage». J'envoyai chercher un barbier, qui lui tira trois bonnes palettes de sang, le soir deux autres palettes, à
minuit autant, et le lendemain matin deux
autres encore. Je voulois tuer la fièvre ou le malade, à quelque prix que ce fût. J'avois ordonné
en même temps une tisane de bouillon de
poulet, enfin la fièvre diminua; vite trois grains
d'émétique. Forte évacuation de bile, bouillon
à demi-restaurant, fait, moi présent, avec la
moitié d'une poule; puis, force lavemens or-
donnés et pris de force, parce que les Turcs ne
connoissent pas l'utilité de ce remède. Ils pro-
duisirent tout l'effet que j'en attendois; le lendemain je lui donnai un purgatif doux, composé
de manne, dans une infusion de casse, et quelques grains de tartre émétique, afin de précipiter son effet par le bas: quand je vis qu'il reprenoit un peu de connoissance, et qu'il recou-
vroit la parole qu'il avoit perdue avant l'admi-
nistration de mes remèdes, je fis cesser l'usage
de l'eau de poulet, j'ordonnai des bouillons
gras, et lui donnai le soir quelques potions cor-
diales, faites avec la confection d'hyacinthe,

le *diascordium* et quelques gouttes anodynes,
pour provoquer le sommeil; il en étoit privé
depuis huit jours. Enfin je le purgeai une seconde fois, et je l'astreignis à un bon régime.
Grace à moi, il échappa, et recouvra tout-à-
fait la santé, d'où m'advint un réputation si
grande, qu'il n'est pas possible de représenter
l'affluence des consultans qui vinrent me trouver de toutes les parties de l'ile.

CHAPITRE XX.

Guérisons imprévues. Offres de mariage.

L'AGA qui ne vouloit pas que je quittasse
son domicile, me faisoit servir tout ce que je
pouvois desirer, et quand il fut entièrement
rétabli, il me donna une bourse de soie de cinquante sequins. Quelque temps après, la sœur
d'un primat grec éprouva le sort de l'aga : une
pareille maladie lui survint; elle me fit appeler; je la traitai de la même sorte que j'avois
traité l'aga. J'eus le bonheur de la tirer également d'affaire : après sa convalescence son
frère, dans un festin qu'il me donna, ainsi
qu'à plusieurs autres primats, me dit : « *Guir
Andrea*, monsieur André, (il ne me connois-

soit pas d'autre nom que celui d'André) je suis riche, je récolte beaucoup de vin, beaucoup de blé, j'ai quatre maisons que je loue dans cette petite ville, le tout appartient à ma sœur et à moi; je vous offre de partager avec nous notre fortune, je vous le dois, puisque vous avez rendu la santé à ma sœur : y consentez-vous ? Faites mieux encore pour elle et pour vous ; prenez-la en mariage, vous êtes Chrétien et nous aussi ; il ne s'agit que d'adopter notre rit ; il n'y a pas beaucoup de différence: accordez-nous cette grace».

Je lui répondis très-gracieusement que j'étois sensible à l'honneur qu'il me faisoit, mais que j'avois pris un engagement en France, et que je ne pouvois dégager ma parole, sans me parjurer : que j'accepterois, sans cet obstacle, l'offre généreuse qu'il me faisoit, avec d'autant plus de reconnoissance, que sa sœur à beaucoup de fortune ajoutoit encore plus de mérite, de graces et de beauté. J'insistai en outre sur les ordres que l'ambassadeur m'avoit donnés, ordres que je ne pouvois m'empêcher d'exécuter. *Diaco-Manoly* me parut affligé de mon refus ; il se leva et alla communiquer à sa sœur ma réponse. Elle en fut attristée, me fit appeler, et me dit avec beaucoup de douceur : « *Guir Andrea*, je me suis consultée avec mon

frère concernant la récompense que je pouvois
vous offrir pour m'avoir conservé la vie: je croyois
qu'en vous donnant ma main et mon cœur, c'étoit
m'acquitter de mon mieux envers vous; mais puisque vous avez témoigné votre refus par l'aveu que
vous lui avez fait que vous étiez retenu en France,
j'espère du moins que vous ne refuserez pas la
petite somme que je vous présente : elle est enfermée dans une bourse que j'ai brodée moi-
même, et la bourse est dans un mouchoir également brodé aux quatre coins ». Je lui répondis avec un peu de confusion, lui faisant entendre
que mon devoir et l'amour de ma patrie m'obli-
geoient à ce retour. Comme je voyois qu'elle
me donnoit gaîment son présent, je l'accep-
tai avec un peu de résistance; néanmoins, après
beaucoup de pourparler de part et d'autre, je
lui prescrivis un régime de vivre, et lui re-
commandai de se faire saigner au moins deux
fois par an; j'avois observé qu'elle étoit très-
sanguine, qu'il lui falloit ce remède, ou quelques onces de *matrimonium*. Après une heure
de conversation, je pris congé d'elle, sans oublier la bourse enfermée dans un beau mouchoir de Perse brodé. Arrivé chez moi, je l'ouvre, et à ma grande surprise j'y trouve, au
profit du chirurgien, cent beaux sequins de
Venise.

CHAPITRE XXI.

*Voyage à Carlovati. Description du pays.
Autres Cures merveilleuses.*

CES deux cures firent parvenir mon nom
jusque dans l'Asie mineure, à plus de vingt
lieues d'éloignement. Les Turcs et les Chrétiens
disoient qu'il y avoit à Samos un médecin français si habile, qu'il faisoit revivre ceux qui
étoient presque morts, et qu'il seroit parfait,
s'il ne refusoit pas d'épouser les filles qu'il gué-
rissoit.

Dans l'île de Samos il y a un fort village
qui se nomme *Carlovati*. Un de ses habitans
revenoit de la chasse ; il oublie de mettre le
chien de son fusil sur son repos, et en passant
par une haie où étoit un figuier, il aperçoit une
figue mûre ; il cherche à l'abattre avec la crosse
de son fusil, qu'il prend alors par le canon ;
mais en faisant ses efforts pour faire tomber
cette figue, il engage le cliquet du chien de son
arme qui part et lui décharge tout son contenu
dans le devant de la cuisse droite. Cet homme
tombe de frayeur, se trouve mal : on vient le
relever et on le porte chez lui. On lui conseille
de m'envoyer chercher à *Caura* où je demeu-

rois, et on lui assure que personne dans l'île ne
pourra le tirer d'affaire que *Guir Andrea*. On
se détermine à m'envoyer chercher : l'on amène
une mule et l'on s'adresse à l'aga et au cadi pour
obtenir la permission de m'emmener. Aussitôt
je suis mandé chez l'aga qui me prie de me transporter à *Carlovati* pour y voir ce malade : après
qu'on m'eut expliqué le sujet de la maladie, et
que j'eus consulté *in petto* mon peu de capacité,
je voulus battre en retraite ; mais il ne me fut
pas possible de reculer : l'aga donna ses ordres,
et il fallut absolument partir pour *Carlovati*,
à six lieues de *Caura*. Le commissionnaire et
moi nous arrivâmes à la nuit tombante ; si j'a-
vois cru aux présages, j'aurois pu craindre d'entreprendre une cure au-dessus de mes forces,
mais comme dit le proverbe : *Audaces fortuna
juvat*. Avant de mettre la main à l'œuvre, je
vais donner aux lecteurs une petite description
de *Carlovati*, port environné de petits bâtimens.

Ce village est peuplé de Grecs : les côteaux
sont plantés de vignes qui produisent une immense quantité d'excellent vin. Le commerce
de ce port est assez considérable : les vivres,
comme dans toute l'île, sont tout-à-fait à bon
compte. La traversée de Caura à Carlovati est
dans des bois de pins et d'érables, qui donnent

les uns de la térébenthine, d'autres du goudron.
Il y a beaucoup de citronniers et d'orangers ;
les haies sont closes de grenadiers qui produisent toute l'année des grenades délicieuses.

Arrivé dans la maison du malade, on me conduisit auprès de son lit, je le trouvai avec une
fièvre ardente, survenue depuis deux jours que
son accident lui étoit arrivé, sans qu'il eût été
pansé. Je découvre sa cuisse et ne vois qu'un
trou noir de brûlure, et l'étoupe qui bouchoit
l'endroit où avoit porté le coup : sa cuisse étoit
enflée, lui-même avoit la physionomie rouge.
Mon premier soin fut de le faire saigner, et sur
le minuit, je fis réitérer la saignée. Le lendemain je fis ramasser une grande quantité de
mauve, de pariétaire et de mercuriale, que je
fis bouillir et ensuite piler dans un mortier. Je
mis sur la plaie un peu de *basilicon*, et par-
dessus un ample cataplasme de mes herbes pi-
lées ; je couvris le tout de linges et de bandages
trempés dans la décoction de mes herbes. Je
continuai sept jours, en faisant observer au malade un régime strict : au bout de neuf jours la
plaie vint en suppuration ; l'escarre de la brûlure cherchoit à se détacher : je la facilitai avec
un rasoir d'une main et des ciseaux de l'autre ;
n'ayant ni pinces ni bistouris, je parvins cependant à la faire tomber, et la plaie parut vive et

découverte. Enfin par le moyen de mes émolliens et des suppuratifs, j'en retirai soixante grains de plomb de lièvre : en un mois de temps, la plaie fut entièrement détergée et cicatrisée. Comblé d'honnêtetés, nourri splendidement, et gratifié de cent sequins ; en falloit-il tant pour faire de moi le docteur le plus habile et le plus intrépide ? Je fus ramené à Caura sur une mule ; je fis mes remercîmens à l'aga, au cadi de ce qu'ils m'avoient permis cette absence ; ils me prodiguèrent des éloges, et bientôt je passai pour le médecin le plus instruit du monde entier. J'étois émerveillé, non de m'entendre proclamer docteur, il est si aisé de le paroître ! mais d'être tout-à-coup si savant. Connoissant mon ignorance profonde, et les cures que j'avois faites, je fus tenté de m'écrier plus d'une fois : « Si je suis médecin, ma foi il ne faut pas beaucoup d'esprit pour l'être ».

Six mois et plus s'écoulèrent pour ces trois cures, de sorte que je négligeois les ordres de M. de Peyssonel, lorsque je reçus de cet ambassadeur une lettre, par laquelle il me faisoit quelques petits reproches de la négligence que je mettois à lui faire passer la suite de mes observations. Je lui répondis sans hésiter par un mensonge. De médecin je me fis malade, et je

dis que j'avois été retenu six mois au lit à Samos,
raison excellente pour avoir discontinué mes
voyages ; que cependant ma santé commençoit
à se rétablir, et que bientôt il recevroit des
nouvelles satisfaisantes. Je n'eus pas la peine de
lui écrire ; j'appris sa mort à Péra, deux mois
après cette lettre, et je perdis le fruit de mon
travail en perdant mon plus ferme appui. Quel
coup de foudre pour moi ! Je n'avois plus d'autre espoir que celui de m'en retourner en France.
J'avois, à la vérité, beaucoup gagné, tant en
qualité d'officier sur les bâtimens marchands,
qu'avec mes pacotilles, mes salaires et mon
doctorat dans Samos. J'avois plus de deux
cent mille francs en or. Un jour que j'allois
rendre une visite à l'aga, je rencontrai un de
ses domestiques qui m'acosta et me dit :« L'aga
veut te parler et te demande pour une affaire
de conséquence ». Je me hâtai de m'y rendre.

CHAPITRE XXII.

Voyage dans l'Asie mineure. Cure opérée par le tabac. Retour dans l'île de Samos. Offre d'un grand établissement.

Arrivé à l'hôtel de l'aga, j'y trouve le cadi et les primats grecs de la ville: le premier m'adresse la parole et me dit: « J'exige de toi que tu me rendes un service, et tu auras lieu d'être content, si tu es assez complaisant pour le faire ». Je lui repondis: « Seigneur, il faudroit que vous me commandassiez quelque chose bien difficile, pour que je ne le fisse pas ». L'aga tire de la poche de son gilet, une lettre écrite en turc, de la part d'un aga qui exerçoit son emploi à vingt lieues par terre dans l'Asie mineure, et qui étoit son grand ami; il l'instruisoit qu'un de ses amis intimes étoit dangereusement malade; qu'il craignoit même pour ses jours avant l'arrivée du fameux médecin qui étoit auprès de lui à Samos; qu'il le prioit de me faire partir sur-le-champ, qu'il envoyoit des chevaux pour me prendre et qu'il y auroit un relai à dix lieues de son endroit, afin que je pusse arriver plus vîte; que non seulement il sauroit gré à l'aga, mais encore qu'il auroit soin de faire récompenser généreusement le médecin. Lecture faite de cette lettre; l'aga, le cadi et les primats m'engagent tous à partir: « Ce sera, me dirent-ils l'occasion d'effectuer un projet que nous avons conçu, et auquel nous avons tous consenti ». Je promis de les satisfaire : je témoignai le desir de connoître ce projet; mais ils ne pouvoient me le communiquer qu'à mon retour.

Je ne dissimulai point le désagrément et même le danger qu'il y avoit pour moi d'aller dans un pays éloigné des Chrétiens; je connoissois l'esprit des Turcs et leur caractère malveillant envers tous ceux de ma religion ; d'ailleurs, je n'étois pas certain que le malade se rétablît; il pouvoit arriver qu'il mourût après que je lui aurois administré quelques remèdes ; alors il étoit possible qu'ils me regardassent comme un assassin, ou du moins comme un ignorant : je connoissois pleinement le préjugé des Turcs; mais, cependant, par obéissance pour l'aga, j'allois m'exposer à tous les dangers que je prévoyois.

Cette conversation se tint en grec devant l'aga et le cadi qui n'y comprenoient rien; ils demandèrent ce que j'avois décidé. Je leur répondis, qu'à leur considération, j'allois de suite partir: effectivement, après avoir baisé la main de l'aga et celle du cadi, je tirai ma révérence et j'allai chez moi faire ma boîte, c'est-à-dire, la garnir des remèdes que je prévoyois à-peu-près pouvoir m'être utiles; j'y joignis une seringue, je partis sur le cheval richement harnaché, appartenant à l'aga, et me rendis à la marine: là je trouvai préparé une barque de rameurs dans laquelle je traversai le petit passage étroit de la pointe de l'île, pour arriver sur le rivage de l'Asie mineure; un beau et bon cheval m'y attendoit, ainsi qu'un conducteur aussi élégamment monté, et nous piquâmes des deux. Après avoir fait dix lieues sans débrider, nous mîmes pied à terre. Je mangeai quatre œufs à la coque et du melon d'eau pour boisson, puis nous reprîmes d'autres chevaux de relais, et, à dix heures du soir j'arrivai chez le malade: je trouve un homme plutôt mort qu'en vie; je prends son poignet pour chercher un pouls que je ne trouve pas; je lui ouvre la bouche de force; je vois une langue épaisse, sèche et noire comme du charbon; je dis en moi-même: «je n'entreprendrai point cet homme, il mourra d'ici à demain». Je ne lui sentois de pouls que sur le battement du cœur; me voilà bien chagrin, et je ne sais plus ce que je dois faire.

Je me détermine à avertir son frère et ses

parens, auxquels je recommande de dire à l'aga
son ami (celui qui avoit écrit à l'aga de Samos)
le danger dans lequel étoit le malade, et de le
prévenir que ce seroit un miracle s'il en revenoit, et même que je demandois la permission
de m'en retourner comme j'étois venu. L'aga
se rend en personne, quoiqu'il fût tard, et
après m'avoir complimenté sur mon arrivée,
il me pria avec une onction touchante de ne
pas m'en retourner et de faire mon possible. Il
m'exposa qu'il avoit confiance en moi ; qu'il
pouvoit arriver que je tirasse le malade d'affaire ; qu'il voyoit bien son état, mais que ma
réputation avoit pénétré dans tout ce qui avoi-
sinoit l'île de Samos, et qu'il espéroit tout de
mon art. Les parens se joignirent à lui, et me
prièrent avec tant d'instance, que je ne pus
leur résister.

Je me décidai donc à demeurer. Je fis faire
aussitôt une tisane d'orge mondée que je donnai au malade, et je fis mettre sur le feu un
chaudron plein d'eau ; lorsqu'elle fut bouillante,
je fis sortir tout le monde de l'endroit où étoit
la cheminée, et dès que je fus seul, je jetai dans
le chaudron deux fortes poignées de tabac, de
celui que j'avois apporté pour fumer ; lorsqu'il
eut bouilli quelques minutes, je retirai le chaudron du feu ; je coulai la décoction à travers un

linge, et jetai le marc dans les cendres pour qu'on ne reconnût pas le tabac : la raison est simple ; peut-on exercer la médecine sans y mêler un peu de charlatanisme? Le lendemain, dès les quatre heures du matin, je fis chercher des herbes émolientes, la mauve, la mercuriale, et la pariétaire que je fis bouillir dans la décoction du tabac, et je donnai au malade un lavement de cette décoction qu'il garda sans rien rendre.

J'avois pris pour maxime : *Labor omnia vincit improbus.* Deux heures après, j'attaquai la maladie par un second clystère qui n'eût pas plus de réussite que le premier ; mais le troisième eut le plus grand succès. J'en obtins des boules dures comme des pierres : c'étoit des matières recuites. Mon tabac produisit donc un effet merveilleux ; le ventre se détendit; puis une purge légère; enfin le moribond ouvrit les yeux et demanda à boire: quelques jours après je changeai la tisanne; au lieu de la faire avec de l'orge simplement, j'y ajoutai un jeune poulet : sur le midi, je lui donnai un lavement simple , fait d'erbes émolientes, de miel et d'un peu d'huile d'holive; ce dernier remède réussit très-bien, il lui fit rendre beaucoup de matières liquides. Le lendemain matin je lui administrai un purgatif plus fort, qui le fit aller cinq ou six fois à la garderobe. Voyant que la fièvre diminuoit et qu'il prenoit le bouillon sans dégoût, j'eus bonne opinion de mon malade: après quelques jours de repos, je lui fis passer trois grains de tartre stibié dans deux onces de manne; il rendit par le haut beaucoup de bile de couleur verte, et alla trois fois par le bas. Le lendemain mon malade se portoit mieux et se leva sur son séant; on lui servit un potage au riz bien cuit: après avoir observé ce régime pendant huit ou dix jours, l'appétit lui revint.

J'eus bientôt le plaisir de voir sa santé se rétablir entièrement : pendant qu'il reprenoit ses forces, je mangeois à la table de l'aga son ami qui ne savoit comment me traiter. Il me proposoit souvent de demeurer dans son village, me promettant des appointemens assez considérables pour vivre commodément : je le remerciai de son honnêteté. Après quinze jours de résidence, le malade allant de mieux en mieux, je demandai mon congé à l'aga, et lui prescrivis le régime qu'il devoit faire suivre au malade. Je lui remis de quoi faire une médecine purgative et lui indiquai la manière de la préparer, pour la prendre huit jours après mon départ.

L'aga voulut me retenir encore cette huitaine; mais je m'ennuyois dans un village où rien ne pouvoit m'amuser. Je le priai donc de me procurer un cheval de louage, et un homme pour me conduire; je lui représentai qu'ayant guéri son ami, ma présence lui étoit absolument inutile.

Voyant que j'étois déterminé à partir, l'aga fit brider deux chevaux de son écurie, et après un repas, auquel furent invités tous les notables du village, il me combla d'éloges en leur présence; il y ajouta une bourse de deux cents sequins, qu'il me remit avec une lettre pour l'aga de Samos. Je me mis en route le lendemain matin, accompagné d'un de ses domestiques, et nous arrivâmes le soir avant la nuit: Charles me prépara à souper avec quelques œufs, et une bouteille de vin que je trouvai excellent; je n'en avois pas bu dans tout mon voyage. Le lendemain je me rendis chez l'aga, chez le cadi, et chez tous les primats grecs; l'aga lut la lettre de son ami; j'ignorois les éloges qu'il y faisoit de mon grand savoir : entr'autres choses, il lui marquoit que le premier remède que j'avois donné au malade, étoit divin, attendu qu'il avoit expulsé, en forme de boules noires, la mort renfermée dans le corps de son ami.

Cet officier m'adressa la parole, et me dit « que pendant mon absence, tous les primats de chaque village s'étoient assemblés ; qu'ils avoient décidé chez lui, en présence du cadi,

qu'à mon retour on m'engageroit à demeurer le
restant de ma vie dans la petite capitale de cette
île. On t'offre, ajouta-t-il, une maison, un jardin, une vigne, et suffisamment de terres pour
toi et pour la femme que tu prendras à ton choix:
tu recevras en outre, par chaque année, une
bourse (la bourse du Levant vaut 1500 francs
de France). Les primats Chrétiens m'ont dit, et
ont répété entr'eux, que tu avois refusé la sœur
de *Diaco-Manoli*, primat de la ville ; que
l'offre qu'il t'avoit faite étoit une preuve de la
reconnoissance que lui donnoit pour toi le réta-
blissement de sa sœur, et que ton refus l'avoit
affligée. J'ai répondu aux primats que l'on étoit
peu maître de ses inclinations, que cette union
peut-être ne remplissoit pas tes desirs, mais
qu'en te laissant le maître de choisir une fille
chrétienne du pays, elle pourroit peut-être te
décider à t'y fixer. En mon particulier, je n'ai
rien tant à cœur que de te voir souscrire au vœu
de toute l'ile ; on te laisse un mois pour réfléchir
à cette proposition. Mon plus grand plaisir sera
de te garder chez moi ».

« L'honneur que vous me faites, lui répondis-je, les avantages que vous me proposez,
surpassent de beaucoup mon attente ; je suis bien
loin de les mériter ; mais qui peut résister à
'amour de sa patrie? mon cœur et ma foi sont

engagés en France ; je ne suis plus libre. Il faut la réunion de tous ces obstacles, pour m'empêcher de profiter de vos bontés, et d'accepter les offres généreuses que vous me faites. J'en conserverai toute ma vie la plus vive reconnoissance».
Après ce discours, je saluai et je me retirai, vraiment pénétré de tant d'attachement, mais fier d'avoir appris ce qu'il en coûte pour acquérir de la fortune et de la célébrité dans la médecine.

L'évêque grec me pria le lendemain à dîner chez lui : pendant le repas, il n'y eut pas d'instances et de raisons qu'il n'employât pour m'engager à demeurer parmi eux. Contantaqui, le premier primat des Grecs, se trouvoit au dîner ; cet homme spirituel, qui avoit fait ses études à Patmos, appuyoit de son mieux les vives instances de l'évêque. Tout fut inutile : ils obtinrent seulement de moi que je demeurerois encore dans l'île environ six mois, pour me donner le temps, suivant eux, de m'attacher à quelqu'une de leurs jolies filles ; car l'île en étoit bien pourvue. Heureusement pendant cet espace de temps, il ne me survint aucune occasion d'exercer mon art. Au bout de six mois, je pris congé de l'aga, du cadi, et de tous les gens de marque ; j'emballai toutes mes hardes et mes drogues. Mes paquets faits, je profitai d'un bateau qui partoit pour l'Échelle-neuve, le même lieu où j'avois débarqué, dans le temps que j'étois attaché au bâtiment français qui m'avoit donné la commission de porter par terre la nouvelle de notre prochaine arrivée à Smyrne.

CHAPITRE. XXIII.

Voyage à Guzelassar. Récolte de la mamon-tia. Méchanceté d'un bacha. Tomberoute, ou supplice usité dans le pays.

JE partis donc de Samos, laissant dans l'ile beaucoup de regrets : j'arrivai aux environs de Guzelassar, accompagné de mon Charles. Je savois que les montagnes de ce pays étoient fertiles en scammonée, drogue que l'on importe en France, et qui même y est très-chère; j'en fis l'objet d'une spéculation. Je connoissois, par le rapport d'un Grec, la *mamontia* ; c'est un arbrisseau qui ressemble en petit au figuier; ce Grec m'avoit proposé de me conduire dans les terreins où on la recueille (1). Je savois que

(1) Les tuyaux de la *mamontia* sont creux. Lorsqu'on en rompt un, on l'attache avec une ficelle à l'extrémité de laquelle on suspend un petit caillou dont le

de cet arbuste on tire la scammonée , que les Juifs de Smyrne en font un grand commerce , quoiqu'ils la falsifient toujours , en mêlant son suc laiteux avec différentes poudres , pour en augmenter le poids; je savois enfin qu'en France, elle se vend jusqu'à trente francs la livre; je résolus donc d'entreprendre ce commerce , et de m'y livrer d'une manière avantageuse, en allant cueillir la *mamontia* et faire la scammonée.

Déterminé à tenter cet essai , je fis grande provision de ficelle et de coquilles : je chargeai le tout sur un chameau que je pris à louage; j'emmenai avec moi le Grec qui m'avoit mis au fait de récolter cette production , et le fidèle Charles; nous partons. J'étois fermement persuadé que les bachas ou agas ne me tracasseroient pas, surtout étant muni de la patente que feu M. de Peyssonel m'avoit donnée à Constantinople. En trois jours , nous arrivons au bas d'une haute montagne, peu éloignée de la ville, résidence du bacha. Je commençai par envoyer le Grec à Guzelassar, pour y faire em-

---

poids fait pencher le tuyau. Par ce moyen, le suc laiteux et visqueux tombe goutte à goutte dans une coquille d'huitre qu'on a soin de poser au-dessous du tuyau penché : le suc, après quelques minutes, se coagule et forme la bonne scammonée.

plète des provisions nécessaires : Charles et moi,
nous nous amusons et commençons à rompre les
tuyaux de la *mamontia* ; en gagnant la hauteur, nous trouvons par profusion cette plante ;
chaque tuyau rompu, nous y attachons une
petite pierre à l'extrémité, le faisant pencher,
comme je l'ai dit plus haut, et distiller son suc
dans la coquille d'huître. Je vis et je connus la
vérité de ce que le Grec m'avoit annoncé : les
tuyaux laissoient couler peu-à-peu le suc laiteux
qu'ils contenoient. Nous continuons cet ouvrage
jusqu'à ce que le Grec soit de retour. Trois
heures après son départ, je le vois revenir chargé
de pain, de mouton rôti, de fromage, de melons ordinaires et de melons d'eau. Nous nous
asseyons par terre, les jambes en croix, sous des
orangers : là, nous prenons notre repas ; nous
buvons d'une eau limpide qui ruisseloit auprès
de nous, et qui sortoit de la montagne. Après
le repas, nous reprenons l'ouvrage jusqu'au
soir. La journée finie, nous laissons nos coquilles
se remplir à l'aise, et nous allons demander
l'hospitalité chez les Grecs qui habitoient dans
Guzelassar.

Le lendemain de grand matin, après avoir
rempli nos havre-sacs de provisions, nous re-
tournons à nos occupations de la veille, pleins
d'espérance et de joie : en effet, nous trouvons

le suc de la *mamontia* congelé. Alors nous re-
tirons la scammonée des coquilles, avec un coû-
teau large par le bout, et nous la déposons dans
un vase : au bout de vingt-quatre heures, le
Grec la pétrissoit et lui donnoit la forme d'un
pain, que nous enveloppions dans de larges
feuilles de *mamontia*, et nous entassions ces
pains les uns sur les autres.

Pendant que nos deux compagnons faisoient
cet ouvrage, je continuai de rompre des tuyaux,
et d'en faire égoutter le suc dans les mêmes coquilles qui avoient servi : j'étois enfin très-con-
tent de mon entreprise, lorsque nous fûmes
tout-à-coup interrompus. Il étoit six heures du
soir ; nous voyons arriver vers nous quatre
estaffiers du bacha, armés de cimeterres, de
pistolets et de bâtons. L'un d'eux s'adresse à moi,
et me dit : « Le bacha t'ordonne de venir chez
lui tout-à-l'heure, sans répliquer ». Il fallut
obéir ; je suis ces estaffiers, et me présente
devant le bacha.

Ce magistrat me dit d'un ton courroucé:
« D'où es-tu ? — Je répondis, je suis Français.
— Tu mens. — Non : voici un passeport signé
de mon ambassadeur, apostillé du capitan-bacha, qui me permet d'aller par toute la Turquie».
Après qu'il en eut pris lecture, il continue: « Le
capitan-bacha commande la mer, et moi, j'ai

le gouvernement par terre, qui m'est confié par le sultan mon maître. D'ailleurs , tu es venu ici cueillir la *mamontia*, sans m'avoir demandé mon agrément , et pour avoir , de ton autorité, commis une telle action , je te condamne au tomberoute pour six mois». Dans l'instant , je me sens enlevé par quatre forts argousins , qui me portent sous un augar : là, je vois qu'on soulève une poutre de trente-six pieds de longueur, et de vingt pouces d'écarissage. Cette poutre reposoit sur une autre semblable, et avoit de quatre pieds en quatre pieds une entaille carrée, qui laissoit mettre les jambes attenant la cheville du pied. Ils me renversent , et mettent mes deux jambes dans les échancrures, ensuite ils laissent tomber la poutre soulevée, sur celle qui touchoit terre. Après m'avoir mis dans cette belle position, les argousins se retirent et me laissent à mes réflexions.

Des Chrétiens grecs, émus de compassion, vinrent me demander si j'avois de l'argent , m'assurant qu'avec une somme offerte au bacha , je serois relâché, et qu'ils feroient leur possible pour faire modifier l'amende pécuniaire.

Je remerciai les Grecs du service qu'ils vouloient me rendre : je ne voulois pas leur faire connoître que je pouvois payer telle amende

qu'on voudroit exiger : je me contentai de leur
dire qu'un Français ne devoit pas être tyran-
nisé, surtout quand il avoit un pouvoir aussi
authentique que celui dont j'étois porteur ; que
j'allois écrire à mon consul de Smyrne, que certainement je ne tarderois pas à être réclamé, et
que peut-être le bacha recevroit des reproches
de ses supérieurs. Je craignis que l'on ne prît
mes paroles pour des menaces ; le bacha auroit
pu me faire appliquer une centaine de coups de
bâton sur la plante des pieds ; ç'eût été payer
bien cher quelques goûtes de *mamontia*.

Je me fis apporter du papier et une écritoire;
j'écrivis bien vîte au consul de Smyrne, et je
chargeai Charles de remettre ma lettre en main
propre au consul : je lui envoyai ma patente,
signée de M. de Peyssonel. Charles, en trois
jours, arrive à Smyrne. Le consul reçoit ma
lettre, et trouve la Nation française insultée
dans l'offense faite à un Français par le bacha
de Guzelassar. Il fait sur-le-champ appeler les
interprètes, son chancelier, quatre janissaires,
se transporte aussitôt chez le bacha à trois
queues de Smyrne. Il est à observer que le bacha de Guzelassar n'en avoit qu'une; que par
cette raison celui de Smyrne étóit plus puis-
sant que l'autre.

Le consul arrivé et présenté au bacha, lui

expose, après les complimens usités, le sujet de sa visite, et lui déclare que si sa grandeur n'envoie pas sur-le-champ un ordre au bacha son suffragant, de relâcher un Français sujet du roi de France, il sera forcé de porter ses plaintes au pied du trône à Constantinople.

Le bacha n'hésita point : à l'instant même il ordonna à deux janissaires de se joindre à deux autres janissaires, gardes du consul, et il expédie un ordre, avec le scel bachalique du département; il y applique aussi sa bague de bacha, gravée en caractères turcs. Les cinq personnes partent aussitôt, et arrivent le septième jour de ma détention.

Avant d'aller trouver le bacha du lieu, ils vinrent me voir, et me dirent : « Tes souffrances vont finir; nous sommes venus ici avant tout, pour voir si le bacha avoit réellement eu la témérité de commettre une action aussi noire envers toi ».

Ils se rendirent ensuite auprès du bacha. Un janissaire du consul entre le premier; il dit au bacha : « Le Seigneur soit avec vous, monseigneur ». Le bacha leur répondit : « Et avec vous aussi; soyez les bien-venus; que me demandez-vous ? » Le janissaire : « Je vous apporte une lettre de monseigneur le bacha de Smyrne, qui vous enjoint de me rendre un

Français que vous retenez imprudemment comme criminel. Je vous préviens que si vous ne le rendez pas , j'ai ordre de partir pour Constantinople, et très-certainement votre conduite sera blâmée. Vous savez ou vous ne savez pas que les Français ont des prérogatives dans le Levant ; que ce sont eux qui font la base de notre commerce ; ils exportent toutes les marchandises qui nous sont inutiles, et nous donnent en retour celles de France, qui nous sont précieuses. Examinez le drap qui vous couvre, ce sont eux qui nous l'apportent».

Le bacha répondit : « Je l'ai soupçonné un menteur, et je ne me serois jamais persuadé qu'un Français fût aussi instruit dans notre langue, et dans les vertus de l'herbe qu'il fait cueillir. Il auroit dû me demander la permission, j'aurois vu ce que j'avois à faire. Depuis qu'il est au *tomberoute* , il auroit pu me faire proposer des arrangemens : on m'a dit qu'il avoit les moyens de se tirer d'embarras». Le janissaire lui répliqua : « Il n'auroit point regretté son argent pour se soustraire à votre autorité, mais il n'a pas voulu compromettre sa nation, qui l'auroit blâmé s'il avoit composé avec vous : il est même très-urgent pour vos intérêts et votre honneur, que je m'en retourne et puisse dire au consul de France, que c'est par méprise que vous avez mis cet étranger à la gêne, mais que vous avez reconnu votre erreur, et qu'au reçu de sa lettre vous m'avez rendu votre prisonnier. Mes camarades et frères, qui sont venus de la part du seigneur bacha de Smyrne, sont ici présens, et attendent votre résolution ».

Le bacha, après quelques minutes de réflexion, fit appeler ses estaffiers, leur ordonna de me conduire devant lui, et me dit : «Français, ressouviens-toi de ce qui t'arrive aujourd'hui ; ne sois plus ni si fier, ni si imprudent ; lorsque tu auras quelques besoins dans un pays étranger, adresse-toi au principal du lieu, fais-lui part du motif qui t'amène, et demande-lui la permission d'y faire ce que tu desires : alors le gouverneur de l'endroit jugera, si ce que tu demandes peut avoir lieu ; et s'il est possible, on ne te le refusera pas. Mais tu ne dois pas disconvenir que tu t'es fort mal comporté pour la réussite de tes opérations. Quoi qu'il en soit, tu peux te retirer, toi et tes gens ; mais personne ne peut me forcer à t'accorder sur les montagnes de mon arrondissement, l'exploitation de la *mamontia*, qui t'est nécessaire pour ton commerce.

» Je te déclare même, en présence des Musulmans qui sont venus de la part de notre frère le bacha de Smyrne, à qui je dois obéissance et respect, que je perçois des droits de tous ceux qui viennent exploiter cette *mamontia*, et que tu ne pouvois, sans te rendre coupable de fraude, venir clandestinement l'exploiter sans m'en donner avis : néanmoins, à la considération du bacha, mon frère en Dieu, je te donne la liberté, mais ne t'avise plus de venir, de ton seul arbitre, récolter ce qui est préjudiciable à mes intérêts. Retire-toi ! »

« Quant à vous, mes amis, dit-il aux janissaires, ne manquez pas de répéter à mon ami le bacha de Smyrne, que j'ai eu quelques raisons palpables pour faire ce que j'ai fait : dites-lui que j'aurai l'honneur de lui écrire, que je lui rendrai un fidèle compte des motifs qui m'ont forcé de retenir un homme que je ne croyois pas Français, et qui s'étoit mal conduit ».

D'après ces explications, et la ferme résolution de ce méchant homme, je vis bien que le parti le plus sage étoit d'abandonner mon entreprise. Je repris le chemin de l'Échelle-neuve, où, étant arrivé, je fus reconnu d'un Grec, nommé Michel, qui m'engagea à rendre visite à un de ses amis, dont la mère étoit attaquée d'une migraine violente. Je lui fis prendre des gouttes anodynes, au moyen desquelles je lui rendis le sommeil et dissipai son mal. Cette femme me fit présent d'une magnifique ceinture brodée, que je mis aussitôt autour de moi, et qui me causa une scène des plus désagréables, comme on le verra dans le chapitre suivant.

CHAPITRE XXIV.

Couleurs favorites des Musulmans. Danger pour les Chrétiens de les porter.

J'ÉTOIS entré dans un café où il ne se trouvoit alors aucun Européen : il y avoit seulement quatre Leventys. L'un d'eux m'aperçut et considéra la fatale ceinture; elle étoit neuve et avoit beaucoup d'éclat : dans la broderie on distinguoit une grande variété de couleurs de soie; et il s'y en trouvoit de la verte. Nous n'avions pas fait attention que les Chrétiens ne peuvent porter sur eux aucune chose de cette couleur; le Turc la remarque, se lève, d'une main saisit ma ceinture, et de l'autre tire son cimeterre et s'avance pour m'en frapper. Il m'auroit peut-être coupé le cou sans le prompt secours d'un Grec qui lui arrêta le bras. « Grace, s'écria-t-il, grace, Mamet bacha! cet homme est Français; il est ici pour quelques affaires sérieuses, et vous seriez blâmé de le punir d'une faute involontaire ; il ignore les lois musulmanes : vous êtes trop équitable pour châtier un innocent. Le prophète Mahomet a été juste et vrai, il a dicté la parole de Dieu, qui veut que l'on ne fasse aucun mal aux innocens ».

Le Turc quitta son cimeterre, mais il ne se dessaisit point de la ceinture, et me dit en langue turque : « Quitte donc, infidèle, cette soie verte que tu portes, et ne profane plus la couleur favorite des vrais croyans ».

Je fus trop heureux d'échapper à la fureur de ce Musulman, car la soie verte de ma ceinture l'autorisoit à me tuer impunément. La politique des Turcs eût fait approuver cet assassinat, pour montrer qu'il n'appartient ni à des Chrétiens ni à des Juifs de porter les couleurs favorites des sectateurs de Mahomet.

La ceinture me fut enlevée et je n'eus pas le plaisir de la conserver plus d'une journée ; ce qui me causoit le plus de regrets, c'est qu'elle m'avoit été donnée par une aimable femm, et je croyois l'avoir bien méritée.

Nous quittâmes le port pour revenir dans le quartier des Grecs. Michel nous y reçut avec la politesse du pays ; lorsqu'un ami ou un étranger rend quelque visite, le maître de la maison va rincer un seul verre et prend une bouteille de verre blanc carrée pleine d'eau-de-vie, délicieuse. Après avoir rempli ce verre, il ôte son

bonnet de poil (les bonnets des Grecs ressem-
blent à ceux de nos grenadiers), et il dit : « A
votre santé ; à la santé de votre femme, de vos
enfans, de vos parens ! que Dieu favorise vos
entreprises ! qu'il vous donne d'abondantes récoltes ! qu'il vous accorde une bonne fin du
monde ! »

Les convives baissent la tête en inclinant
tant soit peu le corps, et attendent que le maître
ait bu l'eau-de-vie qu'il s'est servie le premier ;
lorsqu'il l'a bue, ceux qui sont présens disent :
« Grand bien vous fasse ». Le maître répond :
« Je vous remercie ». Alors il remplit le même
verre et en présente à tous, les uns après les
autres. La même cérémonie se répète, quand
on sort.

Les Grecs sont dans l'usage de boire l'eau-de-
vie avant de se mettre à table, et pendant le
repas ils ont coutume de boire du vin. Un ami
de mon Grec nous donna à souper avec beaucoup de générosité ; sa femme et la sœur de sa
femme se mirent à table avec nous sans voile :
le maître leur ordonna d'être libres devant moi,
et leur dit qu'un médecin avoit le caractère d'un
prêtre, et qu'il ne falloit avoir aucun scrupule
devant eux, notamment devant moi dont la réputation étoit faite, et que je passois avec raison pour un homme dont la conduite étoit
épurée.

CHAPITRE XXV.

Chants grecs. Retour du pélerinage de la Mecque. Étranges et derniers adieux d'un Musulman à son épouse morte.

Nous bûmes des vins exquis, et la quantité nous échauffa un peu la tête ; notre gaité fut poussée au point que nos gens se mirent à chanter à leur manière : le maître de la maison contraignit sa femme à prendre son *chiouc*, dont elle accompagna sa voix. On me pria de chanter ; je fis comme les autres ; je frédonnai quelques ariètes du temps, et je leur en fis l'explication ; il me parut que cela leur faisoit plaisir. La soirée se passa très-agréablement ; la nuit étant déjà avancée, il fallut se retirer. Je suivis Michel : on étendit trois ou quatre matelas les uns sur les autres pour me faire un lit ; je me couchai, m'endormis profondément, et me réveillai le lendemain fort tard. A mon réveil, je trouvai une jate de café au lait de chèvre ; chacun avoit la sienne, nous les prîmes en même temps.

Une heure après, on me demanda si j'étois

8

disposé à déjeûner; j'avois peu d'appétit : il fallut pourtant m'y résoudre et faire comme les autres : je me contentai de manger quelques saucisses qui étoient très-délicates. On avoit tué quelques jours auparavant un porc. Après le déjeûner, Michel m'invite à faire un tour de promenade hors de la ville, pour voir les jardins; j'y consens volontiers. Nous entrâmes dans plusieurs et j'y achetai quelques oranges et un melon excellent; ensuite nous reprîmes le chemin de la maison.

Nous n'eûmes pas fait vingt pas qu'un Turc m'aperçoit et m'appelle par le nom d'*hiagezi*, qui signifie écrivain; ne croyant pas être connu, je continuois mon chemin sans répondre. Ce Turc double le pas, m'atteint et me répète ces mots : *Hiagezi sembân ou nouton :* « Tu m'as donc oublié, écrivain, tu ne me reconnois plus ». Je lui répondis, non, je ne vous connois pas. « Hé bien, me dit-il, tu vas me connoître. J'étois du nombre des pélerins que ton capitaine prit, il y a environ deux ans à Constantinople, pour les transporter à Alexandrie; tu me rendis même quelques services sur le vaisseau : tu ordonnas au cuisinier de me laisser apprêter mon repas à sa cuisine, à l'exclusion de mes camarades de voyage; tu me fis aussi

donner de l'eau très-souvent, tandis que les passagers en recevoient très-peu. Je suis ravi de te
rencontrer dans cette ville ; si ton temps te le
permet, je te raconterai les malheurs qui me
sont arrivés pendant mon absence de Constantinople pour aller à la Mecque. »—Volontiers,
lui dis-je. Il commence son récit en ces termes :
« Il y avoit dix ans que je vivois avec la femme
que Dieu m'avoit donnée ; pendant ce laps de
temps aucune querelle ne s'est élevée entre nous,
pas la plus légère contrariété dans notre ménage. Elle craignoit la justice divine ; elle étoit
ponctuelle dans les exercices de la religion, ri-
gide observatrice de la loi ; jamais elle ne s'est
permis de me souhaiter le bonjour qu'après l'a-
blution et la prière ; elle récitoit sept fois le jour
celle qui nous est ordonnée ; elle étoit tellement
attachée à ses devoirs, que nul étranger n'a pu
jamais la voir en face ; pendant le *ramasan*,
elle supportoit le jeûne avec un courage et une
résignation exemplaires, même dans les jours
les plus longs : tu sais que dans ce temps de pénitence il nous est défendu de manger, de boire
de l'eau, de prendre du tabac et de fumer entre
le lever et le coucher du soleil. Cette vraie Musulmane supportoit toutes sortes de privations
avec autant de force que le Turc le plus ro-

buste ; enfin , elle faisoit tous mes délices.

Je lui avois acheté une jeune esclave, qu'elle a traitée sans cesse avec la plus grande douceur; bien loin de l'humilier , elle lui donnoit les mêmes alimens dont elle se nourrissoit : néanmoins elle l'assujétissoit à tous les exercices de la religion. Quoique cette femme estimable ne fût pas familière dans les affaires du dehors, ses conseils m'étoient très-salutaires dans mon travail , en outre elle brodoit des ouvrages qui suffisoient pour notre subsistance pendant trois mois chaque année.

» Hé bien ! *hiagezi*, la mort me l'a enlevée; depuis ce fatal moment toutes mes facultés s'épuisent , et malgré l'action héroïque que j'ai faite le jour de sa mort, je reste insensible à tous les moyens de consolation ». A ces mots il soupire et n'achève point. — Continuez, lui dis-je, et faites-moi part de cette belle action. Il lève ses yeux et reprend ainsi :

« Depuis longtemps j'avois fait le vœu d'aller à la Mecque; je ne pouvois y manquer sans attirer sur moi la malédiction du ciel : je partis donc, comme tu le sais, de Constantinople, et laissai à ma femme tout ce dont elle pourroit avoir besoin jusqu'à mon retour. Cette séparation , quoique momentanée , nous coûta des larmes. Mon voyage a duré six mois, et je jure par notre saint prophète que l'image de cette épouse chérie a toujours été présente à mes yeux, persuadé qu'elle pensoit continuellement à moi. Mon cœur, *hiagezi*, se déchire par le souvenir de la perte de ce trésor inestimable. Mon vœu accompli, je revins à Constantinople : en rentrant chez moi, que vois-je ? ô Dieu ! mon épouse étendue morte sur un matelas ! ses yeux un peu entr'ouverts sembloient me reprocher ma négligence à revenir. Je lève les mains vers le ciel, et je m'écrie : Vous savez, Seigneur, si je suis coupable. Femme incomparable, la force de ton tempérament, je ne le vois que trop, t'a suffoquée; mais la pénitence que je m'impose et que je vais faire, sera la preuve que je t'aime toujours. Si mon voyage de *Cagi* a pu te causer la mort, peut-être que Dieu qui connoît mon innocence, et qui voit mon sacrifice, te rendra la vie.

» Au moment même, je découvris son beau corps et la mis en état de recevoir mes caresses; le soir elle fut inhumée. La seule consolation que j'eus, fut de lui rendre les derniers devoirs. Tous mes amis ont approuvé ma conduite et m'ont assuré que l'Éternel l'approuveroit aussi. Je vendis mon esclave, j'embarquai mes effets et me rendis ici; il y a dix mois que j'y fais un petit commerce qui suffit à mes besoins. Je pourrois te citer plus de cent exemples comme le mien; une multitude de *cagis* ont trouvé, à leur retour de la Mecque, non seulement leurs femmes mortes, mais encore leurs esclaves. Six mois avant mon départ, un vrai croyant, à son arrivée d'Alexandrie, voit sa femme à l'article de la mort; elle entend la voix de son mari: elle ouvre aussitôt les yeux et lui tend les bras; le *cagi* désespéré de cet accident, se persuade que sa maladie provenoit des besoins qu'elle avoit eus pendant son absence; sans hésiter il se met en devoir de rendre à sa femme les derniers adieux que je fis à la mienne; mais quelle différence! la sienne étoit encore vivante et la mienne étoit morte. Le *cagi* eut une sorte de satisfaction; sa femme, à ce qu'il m'a dit depuis, le serra dans ses bras, le remercia et mourut.

Toi, *hiagezi*, tu n'as pas à éprouver de semblables tourmens; tu es garçon, et tu serois même marié que tu ne ferois aucun voyage de dévotion. D'ailleurs si tu as contracté une alliance dans ta patrie, Dieu ne permettra pas que tu trouves ton épouse morte le jour que tu y arriveras; je te souhaite beaucoup de bonheur, et je te laisse en paix, adieu ».

CHAPITRE XXVI.

Ignorance des Turcs. Espèce de fou français.

MICHEL et moi saluâmes le Turc, et pendant notre chemin, nous nous entretînmes du fanatisme et de l'ignorance des Ottomans : le gouvernement est intéressé à ce qu'ils ne s'adonnent point aux sciences ; d'ailleurs ils n'ont pas d'écoles pour s'instruire : un très-petit nombre de Turcs apprennent à lire et à écrire ; leur alphabet contient vingt huit caractères ; leur écriture est la même que celle des Persans et des Arabes, à peu de différence près. Ceux qui trouvent par hazard un papier écrit en langue turque et qui ne savent pas lire, n'en font aucun usage, ils le brûlent, dans la crainte de souiller le nom de Dieu, qui pourroit y être. Lorsqu'ils écrivent des lettres d'affaires, de commerce, ou autres, soit à leurs correspondans, soit à leurs parens, ils commencent toujours par ces mots : *Au nom de Dieu*, et en finissant, ils s'envoient le *salamalek*, ne manquant jamais d'implorer la protection de Dieu et celle du prophète Mahomet.

Arrivés au logis, nous déposâmes notre pe-

tite provision de salade, de melon et de *can.*
poursi ou melon d'eau. Michel alla chercher
une bouteille d'eau-de-vie, en prit un verre,
après les santés d'usage; ensuite il m'en présenta
un que je bus à la santé de toute la compagnie;
elle me remercia, en me disant : « Grand bien
vous fasse ». Cette cérémonie n'eut rien de nouveau pour moi; je l'avois vue à Samos et dans
les autres îles du Levant. Les Turcs ne disent
rien quand on boit de l'eau chez eux; mais ils
quittent la pipe, mettent la main sur la poitrine
et répètent l'un après l'autre : Grand bien vous
fasse. Fussent-ils trente dans un cercle, si quelqu'un demande à boire, ils en disent tous autant.

L'heure du souper arrive; on se met à table;
on soupe assez bien, mais sans vin : on prend le
café, on fume la pipe, tout cela jusqu'à minuit;
on se couche. Le lendemain je sortis seul, pour
me promener environ deux heures; étant sur
le point de rentrer, je me sentis tirer par la
manche : c'étoit un Grec qui me connoissoit
pour un Français, et qui me dit : « Monsieur
Andréa, donnez-vous la peine de venir avec
moi, je vous ferai voir un Français qui est ici
depuis hier avec un interprète et un domestique,
logé dans un caravanserai ».

Je le suivis et trouvai cet homme avec son

domestique, qui parloit italien ; je le salue en
français, et lui demande si, en qualité de com-
patriote, je peux lui être de quelque utilité ; il
me regarde d'une manière indifférente et me
dit qu'il n'avoit besoin de rien. Cependant j'eus
la curiosité de lui faire quelques questions, aux-
quelles il ne répondit pas ; je pris le parti de me
retirer.

J'engageai son interprète à me suivre ; je le
fis entrer dans un café et lui demandai où il
avoit pris ce Français et où il le conduisoit. Il
me répondit ingénuement qu'il avoit pris cette
espèce de fou à Smyrne, que le consul français
lui avoit donné un passe-port pour aller où il
desireroit, qu'ils étoient arrivés à l'Échelle-
neuve, depuis hier, et qu'ils alloient partir ce
jour-là pour la Mésopotamie ; que cet homme
s'arrêtoit partout où il passoit, et griffonnoit du
papier, qu'il payoit toute la dépense, qu'à son
silence et à ses gestes, il le prenoit pour un de
ces Troubadours français, qui ont besoin de
courir le monde pour leur santé. Je le remerciai et le quittai. Quelques jours après je trouvai sur le port un batelier qui alloit à Smyrne ;
je fis marché avec lui et nous prîmes la route
de cette ville.

CHAPITRE XXVII.

Arrivée à Smyrne. Départ de cette ville. Rencontre et Conduite d'un corsaire algérien.

JE connoissois Smyrne, et je me regardois comme dans une ville de France. Sur le bord de la mer, il y a une rue extrêmement longue, remplie de boutiques, d'ouvriers et d'artistes dans tous les genres; elle peut être comparée à la rue St. Denis, à Paris. Aucun Turc n'habite au bord de la mer; les ambassadeurs y font leur séjour, les fêtes et les dimanches, ils arborent leurs pavillons sur le faîte de leurs hôtels.

Le lendemain j'allai voir le consul français, qui me reçut assez froidement, à cause de l'incartade que j'avois faite à Guzélassar; il me recommanda, en pareil cas, de prendre plus de précaution, et en outre de repasser en France au plutôt, vu qu'il n'étoit permis à aucun Français de séjourner dans le Levant, sans une permission expresse du roi, ou de la chambre de commerce de Marseille, qui seule avoit ce privilége, ou sans le consentement de l'ambassadeur à Constantinople: le passe-port que m'avoit donné M. de Peyssonel, n'ayant pas été rafraichi depuis sa mort, ne pouvoit plus me servir.

Mon intention étant de repasser en France, je lui promis, qu'aussitôt mes emplètes finies, je me mettrois en route ; le consul m'exhorta à faire la plus grande diligence, et après l'avoir remercié du soin qu'il avoit pris de me récla-mer, je le quittai pour m'occuper de ma pa-cotille. L'esprit un peu plus tranquille, je mé-ditai sur le choix des marchandises dont le débit pouvoit être le plus avantageux à Marseille.

Je m'adressai à un courtier juif, qui me procura des laines et des cotons bazards, c'est-à-dire brutes, en grosses balles ; j'en pris pour trois cent mille piastres, que je payai en séquins : j'allai ensuite trouver le capitaine Stoupan, qui attendoit un chargement pour la France. Je traitai avec lui, à raison de trois pour cent de nolisement : je fis assurer mes marchandises, dans la crainte qu'elles ne fussent enlevées par les Anglais, avec lesquels la France étoit en guerre, et je payai vingt pour cent à des assu-reurs hollandais qui étoient établis à Smyrne.

Nous partîmes le lendemain avec le vent le plus favorable, celui du nord, et dans six jours nous nous trouvâmes au milieu du grand canal, entre les îles de l'Archipel et celle de Malte ; cette traversée est de cent quatre-vingt lieues. A la pointe du jour, le mousse qui étoit à la cime du perroquet, nous cria qu'il voyoit un navire, à la distance de trois ou quatre lieues, qui paroissoit faire route de notre côté; cette nouvelle nous effraya : les uns disoient que c'étoit un vaisseau anglais, les autres, un hollandais; nous ne pûmes le reconnoître que lorsqu'il fut près. Notre bâtiment étoit chargé et marchoit lentement, l'autre étoit bon voilier, c'étoit un corsaire algérien : alors notre inquiétude cessa. Le chebec nous joignit à neuf heures du matin, et une voix nous cria : « Mets ton pavillon, et dis-moi qui tu es, d'où tu viens, où tu vas et quel est ton chargement ». Le capitaine prend le porte-voix, et lui crie en idiôme petit franc, connu dans toute la Barbarie : « Bon jour, monsieur le capitaine, je suis Français, je viens de Smyrne, je suis chargé de laines et de cotons pour Marseille ». L'Algérien répond : « Mets promptement ta chaloupe à la mer, viens me présenter ta patente pour la viser ». (Il est bon d'observer que personne dans ce vaisseau ne savoit lire le français). C'est par ces rodomontades et ce ton brusque, que ces pirates effrayoient les marins français, et que se croyant les maîtres de la mer, ils s'arrogeoient le droit de rançonner les bâtimens qu'ils trouvoient sur leur route.

Stoupan lui crie avec le porte-voix : « Capitaine, je te prie en grace de ne pas me con-
traindre de communiquer avec toi ; tu sais que
notre quarantaine seroit augmentée. Notre patente de Smyrne est en règle, et la borne à
quinze jours ; c'est pourquoi je te demande la
grace de nous laisser passer ».

Le Turc répond : « Je t'ordonne de mettre ta
chaloupe à la mer, et viens toi-même à bord
de mon vaisseau ; si tu résistes, je vais te couler
à fond ». Le capitaine voyant bien qu'il n'y
avoit rien à espérer de ces scélérats, fit mettre
sur-le-champ la chaloupe en mer, prit sa patente, son épée, et partit. Arrivé à bord du
corsaire, il distingue celui qui paroissoit être
le capitaine, le prie encore de le laisser passer
sans communication : « *Monte donc, chien,*
lui dit l'Algérien d'un ton impérieux, où je vais
te faire donner la bastonnade sur la plante des
pieds ». Le capitaine Stoupan monte ; on le conduit dans la chambre du Turc, qui réitère ses
demandes. Il communique sa patente : « C'est
bon, dit l'Algérien, après l'avoir examinée sans
pouvoir la lire ; mais tu sais bien le devoir que
tu as à remplir ».

« Lorsque nous sommes en paix avec votre
régence, répliqua Stoupan, je ne connois d'autre
règle que, quand deux vaisseaux se rencontrent,

le plus fort exige le salut du plus foible : je suis prêt à le faire aussitôt que nous nous quitterons. — Tu en serois quitte à bon marché , répliqua le Turc ; il faut que tu m'envoies chercher une boussole , une carte , des compas , vingt livres de café , six pains de sucre, et de la poudre à canon; alors je te renverrai à ton bord ». Le moyen de refuser? La chaloupe retourne seule au vaisseau , et Stoupan reste jusqu'à ce qu'on eût apporté sa rançon.

Le patron de la chaloupe revint au bout d'une demi-heure , avec tout ce qu'on avoit exigé. Le capitaine obtint sa liberté. Avant de continuer notre route , nous tirâmes cinq coups de canon pour saluer le bâtiment algérien: il nous rendit le salut par un coup de pierrier, comme par mépris; mais nous nous trouvâmes très-heureux d'être débarrassés à ce prix d'une pareille engeance.

CHAPITRE XXVIII.

Corsaire anglais plus inhumain que celui d'Alger.

Nous reprîmes le vent, et arrivâmes en six jours à Malte. Après avoir fait quarante jours de station, nous entrâmes dans le port, et c'est-là que nous apprîmes qu'il étoit sorti du port Mahon une flotte considérable de vaisseaux anglais, tant de guerre que corsaires, qui croi-soient sur les côtes de Provence et de Sicile.

Notre capitaine désarma, et attendit un temps plus favorable pour passer à Marseille, et moi je fis débarquer mes marchandises au lazaret, pour les purger. Nous restâmes une année entière à Malte, sans trouver l'occasion de pouvoir passer, dans la crainte d'être surpris par les Anglais.

Ces derniers avoient fait beaucoup de pri-sonniers français, qu'ils avoient déposés à Mes-sine : nous en avions fait autant de notre côté. Les ambassadeurs des deux puissances respec-tives, qui résidoient à Malte, s'abouchèrent pour traiter de l'échange des prisonniers, et convenir en outre que les vaisseaux chargés de ces prisonniers, ne pourroient être attaqués par aucune des deux nations.

Pendant cette négociation, le capitaine Rondin, qui commandoit un corsaire nommé le *Roi Gaspard*, armé de vingt-quatre pièces de canon de six, étoit dans le port de Malte : il avoit désarmé, payé et renvoyé son équipage. Ayant appris l'arrangement fait entre les ambassadeurs, il se présenta chez celui de France, demanda la communication du traité, et proposa de transporter les prisonniers français à Marseille. Son offre fut acceptée ; il prit quinze hommes seulement pour le servir pendant la traversée de Malte à Messine.

Instruit à mon tour du voyage que devoit faire le capitaine Rondin, je lui proposai de me prendre avec mes marchandises ; elles me parurent d'autant plus en sûreté, que le traité en question protégeoit le passage du vaisseau du capitaine Rondin, contre toute attaque. Je les fis donc transporter à bord du vaisseau, moyennant deux pour cent de nolisement.

Le capitaine Rondin sort de Malte avec sécurité, et arrive le lendemain au soir à Messine : il y avoit trois cent cinquante matelots, qui attendoient qu'on vînt les relever et les transporter en France. On embarque ces malheureux qui étoient restés nuds, et on fit pour eux des provisions suffisantes. Rondin mit incontinent à la voile : sur les quatre heures du matin, le mousse qui se place à la cime du perroquet, pour faire la découverte, nous crie qu'il y a un bâtiment derrière nous; nous étions à trois lieues de l'île de Corse, au levant de Bastia. Le capitaine Rondin, persuadé que les Anglais respecteroient le traité de leur envoyé, fit mettre le vaisseau en panne, et attendit celui des Anglais, qui nous joignit deux heures après; arrivé sur notre côté, il prend un porte-voix et dit : «Mettez la chaloupe en mer, venez à l'obédience, et embarquez le plus d'hommes que vous pourrez ».

Notre capitaine lui répond : « Je vais mettre ma chaloupe en mer et vous présenter un traité fait à Malte, qui défend aux deux nations aucun acte offensif. Prenez-en lecture il est ecrit en français et en anglais, vous connoîtrez le sceau de votre ambassadeur; surtout ne le touchez pas, vous nous causeriez quinze ou vingt jours de quarantaine». L'Anglais répond d'un ton ironique: « Embarquez-vous dans la chaloupe, apportez-moi les papiers que vous avez, et je verrai ce que j'aurai à faire ».

M. Rondin fait mettre dix marins pour voguer, et il se rend au bord anglais; il attache le traité au bout d'une rame, et l'élève pour que le

capitaine anglais puisse le lire, lorsque ce dernier, dont l'intention étoit d'agir en pirate, dit
à M. Rondin: «Montez, montez, monsieur, il
faut que vous montiez, je le veux:» Le capitaine lui représente encore qu'il alloit lui causer
une quarantaine; l'Anglais reprend d'une voix
plus impérative: «Il faut que vous montiez».
M. Rondin obéit.

Quand il fut dans la chambre du capitaine,
celui-ci lui signifia qu'il alloit envoyer à son
bord un officier anglais pour faire quelque visite, et fit monter les dix Français qui étoient
dans la chaloupe, les garda dans son vaisseau,
remplit la chaloupe d'Anglais qu'il laissa à
notre bord, et ramena des Français au sien: ce
chargement se fit alternativement plusieurs
fois. L'officier s'empara de notre chambre, et
pour donner une espèce de raison, il dressa un
procès-verbal qui constatoit qu'il avoit trouvé
notre vaisseau en état de combat, muni de
vingt-quatre pièces de canon, toutes chargées à
boulets, et une quantité de fusils. Il pouvoit les
trouver en effet, puisque le capitaine Roudin
étoit armé corsaire, et qu'il en avoit pris un
anglais, nommé le Tigre, et l'avoit amené à
Malte, six mois auparavant.

Le procès-verbal dressé, une partie de nos
gens transférés chez eux, une partie des leurs

chez nous, l'officier crie à son capitaine, qu'il pouvoit lui envoyer un second officier; que tout étoit prêt; qu'alors il arboreroit le pavillon anglais.

Quel coup de foudre pour moi! Je vis que mes marchandises étoient perdues sans ressource pour moi; on cherchoit à me consoler, en me faisant espérer qu'elles me seroient rendues, que la capture seroit annulée, lorsque la signature de l'ambassadeur seroit reconnue. Ce fut dans ce moment, que je regrettai toutes les offres de service qui m'avoient été faites à Samos: je maudissois mon sort présent, en me rappelant la fortune en or dont j'étois possesseur, et la vie heureuse et tranquille que j'aurois pu mener au milieu d'un peuple dont j'avois toute l'affection. C'est l'amour de ma patrie qui m'a ruiné, me dis-je, c'est lui qui me fera mourir de faim.

L'Anglais nous conduisit à Cagliari, ville capitale de l'île de Sardaigne, et l'on nous déposa au lazaret: après le débarquement, l'Anglais ne voulut plus donner de nourriture, et nous envoya pardevant notre consul. Ce dernier feignit de ne pas nous reconnoître, disant que nous n'étions pas de bonne prise, que le vaisseau devoit nous être rendu, et qu'alors il nous feroit donner tout ce dont nous avions besoin. Il opina, d'après la conduite du capitaine anglais, que le vaisseau fût conduit à Londres avec nous ; que là les puissances jugeroient de la validité de la prise. Malgré les observations du consul, le capitaine anglais ne voulut pas se rendre à l'évidence, il persista dans son injustice, garda seulement le capitaine et le conduisit à Londres, pour réclamer son vaisseau et la pacotille qui m'appartenoit. Sa réclamation fut portée à l'amirauté, qui jugea que le vaisseau et la marchandise étoient de bonne prise.

Les prisonniers furent mis au lazaret pour quinze jours; ils restèrent sans nourriture pendant vingt-quatre heures : le consul français voulut attendre que l'Anglais fût parti, espérant qu'il rendroit le vaisseau. J'aurois enduré moi-même la faim comme les autres, si je n'avois pas eu environ cent cinquante louis que j'avois changés à Malte contre des sequins, et que les anglais avoient respectés en moi, vu que j'étois habillé à la turque.

La quarantaine expirée, le consul nous fit passer à Marseille. Quelques jours après je partis pour Clermont-Ferrand, mon pays: je trouvai mon père mort, sa fortune passée dans les mains d'un beau-père; et si ma mère eût pu dénaturer les biens fonds, je n'aurois rien trouvé.

J'avois l'âge requis pour me faire rendre
compte, et je vendis mon héritage six mille
francs. Avec cette somme je vins à Paris, où
je me mariai et me mis dans le commerce
moyennant ma modique somme : je réussis assez bien les premières années; mais j'eus
la foiblesse de vendre à crédit et je perdis tout.
Comme il me restoit très-peu de choses, l'envie
me reprit de recommencer mes voyages, et de
retourner à Smyrne: j'achetai donc à Paris, à
Lyon et à Saint-Etienne, tout ce que je connoissois propre pour ce pays, tout ce qui pouvoit me rapporter le plus de bénéfice.

CHAPITRE XXIX.

Procession génoise. Assassinat commis
par un homme à surplis.

JE fus assez heureux dans mes acquisitions :
j'arrivai à Marseille, d'où je me rendis à Gênes,
afin de trouver un vaisseau neutre qui me trans-
portât à Smyrne ; je voulois éviter d'être pris
une seconde fois par les Anglais avec lesquels
nous étions encore en guerre. Un capitaine raguzais devoit partir pour Smyrne dans un mois ;
faute d'autre qui fût nolisé pour cette Echelle,
e convins du prix avec le capitaine, pour moi
et pour un ami que j'emmenois.

Il fallut attendre le départ de notre navire : je
parcourus la ville de Gênes et fus témoin d'une
grande fête, où tous les corps des arts libéraux
et mécaniques étoient en procession. Je restai,
sans exagération, plus d'une heure à voir défiler
les peintres, les architectes, les sculpteurs, les
menuisiers, les chirurgiens, les apothicaires, les
charpentiers, les vitriers, les serruriers, les ma-
réchaux, et enfin les cordonniers. Chaque art
ot métier a voit un homme de son état habillé en
surplis, bien frisé, qui portoit un long bourdon
entouré d'un ruban rouge ou bleu fort large qui

lui servoit de ceinture. Le bourdon étoit si pesant, qu'il étoit obligé de l'appuyer sur sa ceinture : à la cime de ce bourdon il y avoit le chef-d'œuvre de son art, c'est-à-dire, que le cordonnier portoit au haut du sien un soulier bien fait, et ainsi des autres artistes. Il n'est pas difficile de déviner ce que portoit l'apothicaire en grand costume. Les premiers de la procession chantoient des hymnes, des antiennes ou des litanies; venoient ensuite les corps et métiers, les moines de tous les ordres et en grand nombre ; auxquels succédoient les prêtres avec des ornemens magnifiques.

Tandis que je regardois cette cérémonie, un de ces hommes en surplis commit une action atroce : il portoit un vitrage carré de plus de trois cents petits morceaux de verre taillés de différentes manières, imitant des lys, des roses et autres fleurs. Ce malheureux voit passer près de lui un homme de son art; c'étoit son rival; il ôte le bourdon de sa ceinture, prie celui qui le suivoit de le prendre pour un instant, tire de sa poche un long stilet, fond sur son ennemi, le poignarde et le tue : on regarde; on lève les yeux au ciel; on soupire, et on continue la procession. L'assassin s'enfuit vers le port, se jette à la nage, et se sauve sur un bâtiment anglais.

Le capitaine crut que ce seroit manquer à

l'honneur de son pavillon que de rendre ce monstre, malgré toutes les instances qu'on lui fit; cependant, comme il craignoit que les Génois n'en vinssent à des extrémités, pour l'avoir, il se décida à le faire sortir de son bord pendant la nuit : quelques jours après on n'en parla plus. C'est ce qui arrivoit aussi très-fréquemment à Rome, où l'asyle consacré aux saints étoit également un asyle sacré pour les assassins.

En vain les magistrats cherchoient à détruire ce brigandage ; malgré les mesures qu'ils prenoient, ils ne pouvoient y réussir. Celui qui exerçoit la police, instruit que je logeois à l'auberge du Cheval-Blanc, près du port, m'adressa une lettre de convocation : l'aubergiste me conseilla d'y aller si je ne voulois m'exposer à une punition exemplaire. Nous nous rendons mon ami et moi à son hôtel ; nous voyons un homme grave qui nous demande d'où nous venons, ce que nous sommes, et où nous devons aller, si nous devons bientôt partir, si nous avons des couteaux sur nous, si nous en portons ordinairement. Je réponds d'une manière satisfaisante à toutes ces questions, fier de ne point avoir sur moi mon couteau ; on m'avoit averti de ne le point apporter à l'audience.

Ce magistrat me fit la grace de m'accorder

huit jours (1) de résidence dans Gênes, mais il me déclara que, ce délai passé, il me contraindroit de sortir de cette ville. Comme mon capitaine raguzais avoit encore quinze jours à passer avant son départ, je représentai au chef de la police que ce ne seroit pas ma faute, si je séjournois plus longtemps.

En sortant de l'hôtel du magistrat, nous entrons dans un café, auprès de la bourse, fréquenté par les Français, et nous y trouvons notre capitaine raguzais qui s'arrangeoit avec un négociant anglais prêt à passer à Smyrne; il étoit venu de Londres avec sa femme, un enfant et une domestique. Le négociant anglais se fit un plaisir de se lier avec nous; il parut même flatté que nous fussions compagnons de voyage.

---

(1) Ces questions étoient en usage dans la plupart des villes d'Italie. En passant à Turin, à la fin de septembre 1785, j'allai rendre une visite au gouverneur; je lui montrai mon passe-port signé du cardinal de Bernis, ministre de France près le Saint-Siége; le gouverneur lisoit *liége*: « *siége*, lui dis-je : » il me regarde d'un œil irrité et s'écrie : « Quel est votre état —J'apprends à lire » : en effet, j'avois pris sur mon passe-port la qualité de maître de langues. « Je vous donne trois jours pour rester à Turin, ajouta-t-il, si, au bout de ce temps.... Je ne permis point qu'il achevât et ne restai dans cette ville que vingt-quatre heures. (Note de l'Editeur.)

CHAPITRE XXX.

Fâcheuse rencontre sur mer. Retour à Caura. Renouvellement de connoissance.

LE moment de notre départ arrivé, le capitaine mit à la voile, et nous longeâmes l'île de
Sardaigne pour entrer dans le grand canal.
Lorsque nous eûmes outrepassé cette île, et celle
de Sicile, nous fûmes apperçus et bientôt at-
teints par deux barques algériennes. L'une
d'elles nous prend à tribord et l'autre à babord;
on crie, suivant l'usage, à notre capitaine, de
faire mettre sa chaloupe à la mer; ce qu'il fit
sans réplique. Arrivé à bord de l'une de ces
barques, le capitaine turc demande café, sucre,
boussole, etc. Le tout fut apporté et nous prîmes le large.

Quatre ou cinq jours s'écoulèrent sans avancer
de dix lieues ; le temps étoit dans le plus grand
calme, la mer tranquille; il n'y avoit point de
vent. M. Bart, c'est le nom du négociant anglais, me faisoit jouer aux dames avec lui et
boire de la bierre d'Angleterre : les bouteilles
étoient bouchées et ficelées en fil de fer. Je la
trouvois aussi bonne que le vin de Champagne,

et la préférois au vin de Provence que j'avois pour ma provision jusqu'à mon arrivée en Turquie. M. Bart me proposa un échange de douze bouteilles de sa bierre contre la même quantité de bouteilles de mon vin, et nous fûmes contens l'un et l'autre. Il étoit riche; il faisoit souvent faire du *pudding*. Ce mets est composé de riz et d'œufs que les Anglais mêlent, qu'ils tiennent dans un sac de toile et qu'ils font cuire dans l'eau. Chaque fois qu'il m'en présentoit, croyant m'offrir un grand régal, je le remerciois, mais je n'en faisois pas de même du punch; je l'acceptois et le prenois avec plaisir.

Nous arrivons à l'île de Samos : comme le vent étoit contraire, le capitaine fut forcé de relâcher à la rade dont j'ai parlé ci-dessus, et où l'on voit les deux colonnes d'Hercule, à une demi-lieue de Caura, petite ville, et cependant capitale de dix-huit villages dans l'île.

Le capitaine raguzais, M. Bart et mon camarade ignoroient que je fusse connu dans cette île; ils se doutoient encore moins que j'y fusse aimé: il y avoit dix ans que j'en étois sorti, emportant avec moi les regrets de tous ses habitans. Ils voulurent aller à Caura, tant par curiosité que pour y faire quelques provisions. Il n'y avoit parmi nous que moi qui connoissois les langues, et le négociant anglais qui parloit un peu le grec qu'il avoit appris à Smyrne, où il avoit demeuré avant son départ, pour aller régler ses comptes à Londres, usage que les Anglais observent avec leurs commettans.

Nous arrivâmes à Caura en très-peu de temps; je fus tout de suite au café sur la place: ce n'étoit plus le même limonadier que j'y avois vu tant de fois; ce dernier ne me connoissoit pas. Je lui demandai des nouvelles du primat *Diaco-Manoli*; il me répondit: « Nous avons eu le malheur de le perdre; il est mort ainsi que sa sœur ». Je lui parlai ensuite du primat *Andreadaqui*, et m'informai s'il vivoit encore: « Oui, dit-il, mais il est bien âgé ». Et l'aga, lui dis-je, et le cadi, existent-ils encore, ou sont-ils déplacés? — L'aga n'est plus ici, mais le cadi occupe encore sa place ».

Je le priai d'aller dire au primat *Andreadaqui*, qu'un Français arrivé dans le moment desiroit le voir et l'engageoit à se donner la peine de venir prendre le café avec lui. Mes compagnons de voyage furent bien surpris de ce que je parlois le grec, et le furent davantage, lorsqu'*Andreadaqui* fut arrivé. Le primat grec, en me voyant, me reconnut et m'embrassa avec amitié. Après les complimens d'usage de part et d'autre, et le café pris, il nous emmena de force chez lui, fit tuer un agneau, envoya chercher du poisson : sa femme, sa sœur et une voisine nous préparèrent une espèce de festin, firent des bégnets en profusion, puis le gloria, puis le repas, où les vins exquis de l'île et ceux de la récolte d'Andreadaqui furent donnés en abondance.

Nous nous mîmes à table à la manière turque. Mon ami, ainsi que l'Anglais et le Raguzais, ne pouvoient pas plier leurs genoux ; ils restèrent les jambes étendues ; ce qui les forçoit à ne présenter que le côté devant la table et la compagnie. On fut obligé d'emprunter des fourchettes chez des amis. Les uns en avoient une, les autres deux ; il y en eut assez de trois. Pour moi, je n'eus point de peine à me placer à leur mode, je m'y étois accoutumé long-temps auparavant. L'eau-de-vie fut servie avant le repas, et suivant l'usage du pays, le maître but le premier, et nous en servit à tour de rôle dans le même verre. Mon camarade et le capitaine raguzais trouvoient fort étrange ce genre de politesse : l'Anglais connoissoit cet usage. Tout le monde accepta à boire, et la santé fut portée à la manière grèque par toutes sortes de souhaits ; même cérémonie pour le premier verre de vin.

Après le dîner, Andreadaqui me conduisit seul chez l'évêque ; celui-ci me voyant, me dit avec affection : « Soyez le bien venu, signor Andrea, venez-vous habiter ce pays ? aurons-nous la satisfaction de vous y retenir ? — Je suis enchanté, lui répondis-je, de trouver votre éminence bien portante ; je desirerois ne jamais quitter l'île dans laquelle on m'a donné tant de marques d'amitié. — C'est que vous les avez méritées, guir Andrea. Je suis un peu fâché contre vous, j'aurois cru que vous m'auriez accordé la préférence, que vous avez donnée au primat Andreadaqui, que j'aurois eu le plaisir de vous voir avant d'aller chez lui : vous me pardonnerez cette petite jalousie. Quoi qu'il en soit, vous voilà, je suis charmé de vous voir. Si vous ne restez pas, j'espère toutefois que vous viendrez prendre le *chorbat* (le riz au bouillon) avec moi : tous les papas sont encore en partie vivans ; ils seront invités, ainsi qu'Andreadaqui et les autres primats. Il n'y en a pas un qui ne se félicite de vous voir, et qui ne témoigne le regret qu'ils ont eu de vous perdre ».

L'évêque fit apporter une bouteille de bonne eau-de-vie, nous en fit servir, vint ensuite le café. Après nous être entretenus quelques momens, j'allai rejoindre mon capitaine, et nous retournâmes à bord du vaisseau. Le vent du nord souffloit avec impétuosité, et lorsqu'il donne, il continue huit ou quinze jours. Ne pouvant partir, mon camarade et moi, nous descendîmes à terre pour retourner au village. Je ne fus pas fâché de ce que le vent nous contrarioit pendant quelques jours ; il étoit de mon devoir de rendre une visite au cadi qui m'avoit donné des marques sensibles de son amitié et de son estime. Je ne devois rien au nouvel aga, que je n'avois point vu.

Le cadi me reçut parfaitement bien, et voulut me retenir à dîner chez lui ; je m'en défendis, mais ses instances réitérées me forcèrent à lui donner parole pour le lendemain. Il nous fit servir le café suivant l'usage des Turcs ; après quelques complimens honnêtes de part et d'autre, je lui dis que j'allois rendre visite à l'aga. Il voulut me conduire à son hôtel ; nous partîmes accompagnés de cinq estafiers. Hélas ! j'étois loin de prévoir le danger qui m'y menaçoit.

CHAPITRE XXXI.

Moyens employés par un aga pour faire un Turc. Dangers auxquels le voyageur peut se trouver exposé, en répétant certains mots sacramentaux. Comment Jésus-Christ et Mahomet descendent de deux frères.

A Caura, comme je l'ai déjà dit, résident trois Turcs principaux ; l'un est un aga, espèce de gouverneur suffragant d'un bacha à trois queues, siégeant dans la capitale, qui tient à sa solde dix valets, un secrétaire ou écrivain ; l'autre est le cadi, avec une pareille suite ; et le troisième est un vaivode résidant à Carlovaty, village considérable, de l'autre côté de l'île, sur le rivage de la mer ; le port a le même nom que le village.

Le vaivode a quatre domestiques turcs ; son emploi est de percevoir les droits de péage de tous les bâtimens qui viennent relâcher ou trafiquer avec les Samiotes ; il rend compte de sa recette à l'aga de Caura. L'on compte donc environ trente Turcs dans l'île de Samos. Ce peu de monde suffit pour faire la loi aux Samiotes. Les primats grecs, qui sont en grand nombre, en y comprenant l'évêque, appuient, en cas de besoin, les jugemens rendus par le cadi et l'aga ; mais si ceux-ci en prononcent d'injustes, ou s'ils exigent une amende trop forte d'un délinquant, ils ont droit de représentation et obtiennent une réduction proportionnée au tort de l'accusé.

Le nouvel aga ne me connoissoit que de réputation ; d'après les éloges qu'on lui avoit faits de moi, il voulut me retenir de force ou de gré. A cet effet, il tint le discours suivant , en présence du cadi et de toute sa suite : « On m'a dit qu'il étoit arrivé dans l'ile un Français , et qu'il est débarqué du vaisseau raguzais qui est dans la rade ; je suis étonné qu'il ne soit pas venu me baiser la main et me demander ma protection ».—*Effendim aga,* dit un primat, si son intention n'est pas de rester avec nous , il n'a pas besoin de votre protection ; il est Français ».

L'aga cria : *Hem ou Alla,* (1) je veux en faire un Turc avant qu'il soit vingt - quatre heures ; il est seul ici de sa nation, il entend notre langue ; j'aurai moins de peine : je ferai une action méritoire en tirant une ame du nombre des réprouvés.

_____

(1) Sorte de jurement sacré par le nom de Dieu.

10

J'arrive en ce moment. Je me présente devant un cercle nombreux de Turcs et de Grecs; je me dispose à quitter mes souliers pour m'approcher et baiser la main de l'aga; je connoissois cet usage respectueux qui s'observe chez les grands ; mais l'aga me regarde et ne me permet pas de me déchausser.

M'étant approché de lui, je le salue, et cherche à lui baiser la main; je la touche du bout des doigts, mais il la retire et me dit : « Soyez le bien venu et prenez séance ».

L'aga et le cadi me firent, pendant trois heures, mille questions sur ce qui se passoit en France : ils vouloient savoir ce que j'étois venu faire en Turquie; si j'aimois cette Nation; si je continuois toujours la profession de médecin; si mon intention étoit de m'en retourner; si c'étoit par attachement pour l'ancien aga et le cadi présent, que j'avois relâché dans l'ile. Je répondis : « *Effendim aga*, je vous avoue que le hazard m'a beaucoup favorisé; les vents nous ont été contraires, et je leur sais bon gré d'avoir forcé le vaisseau à relâcher dans cette île; cela m'a procuré la satisfaction de vous voir, ainsi que l'effendim cadi et tous les primats qui m'entendent. J'ai éprouvé une grande joie, lorsque j'ai su qu'ils étoient bien portans; cependant je ne vous dissimulerai pas que j'ai été vivement affecté d'apprendre la mort de Diaco-Manoli et de sa sœur ».

Plusieurs Grecs prirent la parole et me dirent : « Très-certainement ils ne seroient pas morts, si vous ne nous aviez pas quittés. Son frère Andreadaqui qui nous entend, a répété souvent ce que nous vous disons ». L'heure du repas arrive ; l'aga me retient à diner. Immédiatement après la prière, il descendit du sopha pour se mettre à table. Après avoir dit *bonhiourum* (servez vous), il prit lui-même la première cuillerée de riz, et les convives suivirent son exemple. Quand il avoit pris quelques cuillerées de riz, il faisoit enlever la jatte et servir un autre plat, et ainsi de suite jusqu'à la fin. Le dîner fini, on prit le café, qui fut suivi d'un second lavement de mains.

Les primats ayant terminé quelques affaires relatives aux intérêts de l'île, l'aga revint à moi et me représenta les grands avantages que j'aurois à demeurer parmi eux ; il m'assuroit sa protection, m'exemptoit de tout droit, même de celui de *recimo* ; les Turcs exigent ce droit après la mort de tout individu ; il est porté au tiers des biens du décédé ; enfin il me promettoit des appointemens considérables, payés par la ville de Caura.

Je fis une profonde inclination et le remerciai avec beaucoup d'honnêteté. Les primats grecs et le cadi se joignirent à l'aga, me firent une longue harangue très-touchante, qui auroit séduit tout autre que moi, et qui m'auroit séduit aussi moi-même, si j'avois eu l'expérience que j'ai aujourd'hui. Je méprisai une seconde fois la fortune.

Les Turcs pensent que c'est une œuvre méritoire, que de faire un Musulman, soit par la persuasion, soit par supercherie, soit enfin par la violence, fussent-ils convaincus que le renégat ne sera pas un bon Turc; ils s'en consolent, par l'espérance que les enfans qui naîtront de son mariage avec des femmes turques, seront un jour de vrais croyans. C'est sur cette idée que l'aga employa toute son éloquence pour me convertir, au point qu'après s'être longtemps épuisé en efforts superflus, il me demanda si je voulois dire comme lui, m'assurant qu'il me regarderoit alors comme un homme obligeant, et qu'il m'en sauroit gré.

Je lui répondis : « Pourquoi me priez-vous avec tant de douceur, quand vous pouvez me donner des ordres ? Je ne crois pas qu'un homme qui occupe une place éminente, puisse manquer à la confiance qu'un souverain lui a donnée ; c'est pourquoi je vous obéirai sans défiance, et je promets de dire comme vous, excepté quelques termes que je ne comprendrai pas; mais m'expliquant par une périphrase ce que vous m'avez dit, j'espère que vous serez satisfait ».

L'aga, qui ne se doutoit pas que j'avois une *porte de derrière* (1) pour lui répondre, sans qu'il pût se fâcher et sans me compromettre, se réjouissoit en secret; et les primats qui ne s'attendoient pas à ma ruse, trembloient pour moi, sans rien dire.

L'Ottoman fatigué, croyoit de bonne foi que j'allois répéter mot à mot ce qu'il alloit dire, et que par cette inconséquence il alloit me réduire à l'alternative, ou de me faire Turc, ou de perdre la tête. Il commence en ces termes : *Là*. Je réponds, *là :* il continue : *ila*, je réponds, *ila :* il ajoute : *Mamet lara souroula.* Je réponds : *Non Mamet*, mais *Isac oulou souroula* ». L'aga me lance un regard foudroyant, et me dit avec imprécation: « Pourquoi n'as-tu pas dit comme moi? » — « Pardonnez-moi, repris-je, je vais vous expliquer ce que ma religion m'a dicté. Je vous ai dit: Je

_____

(1) Nous avons cru devoir conserver cette expression qui se trouve dans l'original; elle peint la naïveté du voyageur.

crois fermement qu'il y a un seul Dieu, que ce Dieu est tout, et qu'il a envoyé son saint Esprit au fils d'Israël ; cette foi a été gravée dans mon cœur depuis mon enfance, et il me seroit impossible de prononcer autrement ; je vous en fais mes excuses. Vous voyez que ma croyance est dans le même sens que la vôtre, et qu'il n'y a que la généalogie de la souche des deux prophètes qui n'est pas la même. Mahomet descend d'Ismaël, et Jésus descend d'Israël ; ces deux hommes étoient frères, tous deux étoient nés du même père et de mères différentes. L'une s'appeloit Rebecca et l'autre Sara. Ces deux enfans ont formé par la suite leur secte ; vous suivez celle d'Ismaël, et nous celle d'Israël : tous deux veulent arriver par le même sentier ; il y a tout lieu de croire qu'ils parviendront l'un et l'autre au même but ». — « Tu es plus instruit que moi, dit l'aga stupéfait ; plus on te connoît, plus on desire te garder ; cependant tu m'échappes, je le vois maintenant. Je ne cache pas que si tu avois prononcé le *Mamet souroula*, je te tenois par force, ou tu aurois perdu la vie ». Je lui répondis : « Seigneur, je le savois ; mais j'aurois préféré votre indifférence, si je n'avois pas été certain que ce que j'allois dire, ne me seroit pas préjudiciable. Tout en vous obéissant, je ne me compromettois pas, et ne perdois ni votre estime ni celle de monseigneur le cadi ». Les primats furent enchantés de ma prudence. Leurs craintes s'évanouirent , et firent place à des applaudissemens secrets, qu'ils m'ont depuis témoignés en particulier.

La journée se passa avec cette comédie; je me levai et demandai à l'aga et au cadi la permission de retourner au vaisseau. Il étoit un peu tard, et j'avois une demi-lieue à faire; l'aga me laissa partir, mais en me priant de venir le voir chaque jour, tant que nous serions à la rade: je lui en fis la promesse; je ralentis mes visites, par la raison que j'étois plus à mon aise avec l'évêque et les primats, qu'auprès de lui.

Je passai deux semaines avec eux ; chaque jour étoit un jour de fête pour nous; le quinzième jour, le vent d'est se trouvant favorable , il fallut partir. Andreadaqui , sans m'en prévenir, avoit fait conduire au vaisseau deux mulets chargés de provisions. De mon côté, je fis aussi mes petits présens; je tirai d'un sac que j'avois déposé chez Adreadaqui, sans le prévenir de ce qu'il contenoit, une paire de chandeliers argentés; six cuillers et fourchettes d'argent , une demi-douzaine de couteaux , à manche argenté, quatre onces de manne; deux gros de follicule de séné, et enfin une boîte de pilules purgatives. Après lui avoir expliqué la manière de faire les deux médecines, je l'embrassai, et il me donna la permission d'embrasser sa femme, qui ne fit point de difficulté de se présenter.

CHAPITRE XXXII.

Départ de Samos. Peste à Smyrne. Cessation de ce fléau. Arrivée dans cette ville.

APRÈS avoir traversé le détroit de la pointe de l'île de Samos et de la Natolie, nous passâmes devant l'île de Scio, sans nous arrêter, et nous arrivâmes à deux lieues de Smyrne. Avant d'entrer dans la rade où étoient les bâtimens de diverses nations, je vis un bateau turc qui passoit près de nous; j'eus la précaution de le haller avec un porte-voix, et de lui demander des nouvelles de Smyrne. « La peste y est, me répondit le batelier, il y meurt par jour deux cents personnes; les consuls chrétiens sont tous cachés dans des maisons de campagne, et ne communiquent avec qui que ce soit ».

Le capitaine raguzais, l'Anglais, mon camarade et moi, nous décidâmes qu'il falloit jeter l'ancre au large et ne communiquer avec personne de terre. Les provisions que l'on m'avoit données à Samos nous furent d'un grand secours, en attendant qu'il nous en vînt d'autres. Le capitaine fit tirer un coup de canon d'assistance, et assura son pavillon qu'il arbora tout ployé pour demander des secours.

Le consul de cette nation ne tarda pas à envoyer un bateau pour s'informer de ce qu'on desiroit. Après avoir demandé au batelier des nouvelles de la contagion qui régnoit à Smyrne, il nous répondit de loin, et sans prendre communication avec nous, en nous confirmant ce qu'avoit dit le batelier turc; mais il nous observa que la peste étoit sur son déclin, que depuis quelques jours, il ne mouroit à-peu-près que quarante personnes, et que cette maladie se ralentissoit beaucoup. « Dans tous les temps, nous dit-il, lorsque la peste quitte l'Échelle, elle diminue plus rapidement qu'elle ne s'y communique ».

Sans avoir égard à ces bonnes nouvelles, nous eûmes la prudence de rester éloignés de la ville pendant quarante jours. Le consul raguzais vint nous donner l'avis, quand il en fut temps, que la peste avoit cessé ses ravages dans cette ville, et qu'il n'y mouroit plus personne. Notre capitaine, d'après cet avertissement, fit appareiller et approcher son bâtiment à l'alignement des autres, et je descendis à terre, accompagné de mon camarade.

Les Juifs courtiers et agioteurs ne se doutoient pas que je connoissois aussi bien qu'eux l'Échelle de Smyrne; ils venoient me tourmenter, l'un après l'autre et me disoient tous en langue franque: « Monsieur, vous avez apporté des marchandises, si vous voulez me donner votre confiance, j'en tirerai bon parti pour votre avantage ». Fatigué de leurs sollicitations importunes, je me mis en colère, je les apostrophai en termes injurieux à la manière des Turcs et dans leur langue; comme ils ignoroient que je parlasse l'idiôme du pays, ils parurent tous fort surpris, et n'eurent pas plutôt entendu ces injures, qu'ils dirent: « Laissez cet homme, il n'est pas facile à tromper; il sait la langue et il fera lui-même ses affaires, sans avoir besoin de recourir à nous ».

Pendant deux mois de résidence à Smyrne, j'usai de la plus sévère économie, et cependant peu s'en fallut que par une étourderie de mon associé Delaunai, je ne fusse entièrement ruiné. Un marchand arabe, qui avoit à vendre vingt-cinq négresses encore toutes jeunes et belles dans leur espèce, étoit venu loger à côté de nous; il occupoit quatre chambres de plein pied. Obligé de sortir pour aller chercher l'oc-

casion de vendre ses esclaves, il les laissoit seules
enfermées dans les chambres : elles n'en sor-
toient que lorsqu'elles avoient des besoins. Cet
Arabe les surveilloit, et quelquefois il les faisoit sortir quatre à quatre sur la galerie qui régnoit alentour des chambres du caravanserai :
c'est-là que sept fois par jour elles faisoient
leur ablution. Le marchand les nourrissoit à
peu de frais ; il ne leur donnoit que du riz à
demi cuit avec du beurre et que des melons
d'eau avec profusion ; l'Arabe en avoit apporté
d'Alexandrie une bonne provision qui ne lui avoit
coûté que trois piastres le quintal. (Le quintal
de Turquie est de cent-quarante livres).

Delaunai ne sortoit presque pas de la chambre ; cette retraite peu conforme à ses goûts,
m'inspira des soupçons qui se réalisèrent : il
avoit trouvé le moyen de nouer une intrigu
avec une de ces négresses voisines ; nous étions
placés porte à porte. J'ai su par lui, mais longtemps après, qu'ils se parloient des yeux simplement, qu'ils faisoient quelques signes eu
forme de baisers qu'ils s'envoyoient récipro-
quement. Chaque fois que la négresse sortoit,
Delaunai qui montoit la garde pour la voir
sortir, lui saisissoit la main qu'il portoit à sa
bouche. Ces entrevues galantes se renouvelè-
rent très-souvent, sans que je m'en fusse aucu-

nement aperçu, et je ne dissimule pas que je
m'y serois opposé, connoissant tous les dangers
qui en pouvoient résulter : les Turcs sont inexo-
rables sur cet article, et beaucoup plus terribles
encore, lorsqu'une femme de cette espèce s'est
la issévoir à découvert à un Chrétien. Si le
regard seul a eu liéu, et qu'il ne s'en soit pas
suivi autre chose, la punition infligée au Chrétien est de cent coups de bâton sur la plante
des pieds. Delaunai se mettoit dans ce cas, et
peu s'en fallut qu'il ne les reçût.

CHAPITRE XXXIII.

Ruses de plusieurs négresses pour tenter notre voyageur. Comment il tire de l'Alcoran, les moyens d'adoucir le ressentiment d'un Arabe.

UNE des négresses, camarade de celle que Delaunai convoitoit, fit, par jalousie ou méchanceté, des reproches très-vifs à cette dernière, en présence de toutes les autres; il s'éleva aussitôt entr'elles deux une querelle si violente qu'elles en vinrent aux mains. Le maître arabe arrive dans le moment de la querelle, et veut en savoir le sujet; il fallut absolument l'instruire, sans quoi les coups de bâton eussent été la suite du refus, et alloient être donnés. L'une d'elles déclara le motif du bruit qu'elles venoient de faire, et chargea Delaunai, en disant: « Ce chien de Chrétien se trouve sans cesse à notre passage lorsque nous sortons, et il regarde *Mamet*; je crois que ce n'est pas sa faute, puisqu'elle ne sauroit empêcher la curiosité insolente de cet homme ».

Le marchand arabe aussitôt conçut un projet de vengeance contre Delaunai, bien persuadé, suivant les principes de sa religion, qu'il avoit commis un crime en desirant seulement ce qu'il n'avoit pu faire ; l'intention lui sembla devoir être réputée pour le fait, et il jugea en conséquence qu'il falloit le faire punir.

Il ne voulut cependant rien commencer avant de m'avoir prévenu. J'ignorois absolument l'étourderie de mon camarade, et n'avois rien su de ce qui s'étoit passé. Au moment que je rentrois, l'Arabe me dit : « Écoute, marchand français, je te préviens que ton camarade a violé nos lois, qu'il a cherché à suborner une de mes esclaves. Je ne pardonnerai pas sa témérité ; ma religion feroit tomber sur moi le crime du Chrétien, si je passois sous silence un délit aussi grave : en conséquence, je te déclare que j'en vais instruire le cadi, que je vais lui dénoncer ce malheureux, afin qu'il en fasse un exemple, et qu'aucun de votre secte n'ose jamais porter ses yeux profanes sur nos femmes ou sur nos esclaves ».

Après avoir écouté très-attentivement cet homme, il me vint l'idée de me servir d'une ruse pour sauver Delaunai d'une grêle de coups de bâton qu'il auroit certainement reçus sur la plante des pieds ; supplice qui pouvoit le faire périr. Je pris donc vivement la parole pour répondre à l'Arabe, et lui dis : « Écoute-moi, le

turban vert que tu portes sur la tête prouve
que tu ès chéri particulièrement du prophète
Mahomet ; ce sage législateur n'a jamais fait de
mal, et je ne crois pas qu'il ait souffert qu'on
en fît, sans encourir sa colère ; du moins
c'est le systême de tous les envoyés de Dieu.
Voici une occasion qui te deviendra méritoire,
si tu as la sagesse de suivre son exemple et de
te conformer à sa volonté. Fais le bien pour le
mal, Dieu le commande. Es-tu bien certain,
d'ailleurs, que cet homme soit coupable ?
Qu'a-t-il pu faire au milieu de tant de témoins ?
Est-ce en présence de vingt-cinq femmes qu'il
auroit pu suborner ton esclave ? Il y a plus, tu
connois la méchanceté des femmes, surtout des
négresses ; elles se déchirent les unes les autres,
elles inventent des défauts à leurs camarades,
et les affirment méchamment au maître, afin
de lui faire la cour. Je crois que depuis que nous
sommes voisins, il ne t'est pas encore arrivé de
me surprendre les yeux tournés sur tes femmes ;
je hais trop cette noire espèce, et jamais non
plus je n'ai convoité les Musulmanes ; je ne sais
que trop bien que nous autres Chrétiens nous né
sommes pas dignes de les fréquenter. Tu dois
avoir jugé de mon honnêteté et de ma sagesse,
par l'insouciance même que j'ai mise de leur
parler. Combien de fois ne sont-elles pas venues

dire à ma porte : du feu, monsieur ; d'autres fois, de l'eau, monsieur ; je m'étonne même que la méchanceté d'une de tes esclaves ne t'ait pas assuré que celles qui m'ont demandé du feu et de l'eau, étoient venues pour me voir et me donner envie. Heureusement que j'ai eu la précaution de leur crier en arabe, afin que toutes pussent entendre la réponse que je leur faisois : *Emmachi rouet mafiche :* Fuyez ! ôtez-vous d'ici ! je n'en ai point ; je le dirai à votre maître lorsqu'il viendra. Je suis persuadé que si je ne leur avois pas répondu aussi brusquement, les méchantes seroient venues te gâter l'esprit, comme elles viennent de le faire sur le compte de mon camarade, qui à la vérité n'a pas mon expérience, mais qui n'a pas moins de vertu et de sagesse que moi ; tu peux être bien assuré qu'il est très-innocent dans cette conjoncture. Depuis que je te connois, j'ai remarqué en toi un fond de probité, un fond de bonté qui m'ont forcé de te considérer comme un homme loyal. Tu aimes à faire le bien, c'est pourquoi je te conjure au nom de ta sainte religion d'oublier les faux rapports qui viennent de t'être faits : tu sais comme moi qu'il ne faut rien croire, à moins qu'on ne l'ait vu. Consens, pour terminer cela à venir prendre le café avec moi, et à manger d'excellentes confitures d'Italie ».

L'Arabe me dit en riant : « Tu serois bon iman; allons manger tes confitures et n'en parlons plus; dis cependant à ton camarade que c'est à ta considération qu'il n'est pas puni ». Je lui promis de gronder Delaunai, et même de le renvoyer du caravanserai, jusqu'à ce que les négresses fussent vendues: je lui réitérai que sa conduite me donnoit pour lui la plus grande vénération, et que j'en serois toute ma vie reconnoissant.

Je l'engageai à défendre à ses femmes de venir me demander la moindre chose. Quant à Delaunai, je lui fis envisager le danger où il s'étoit mis, d'être complètement ruiné, ou peut-être de périr sous les coups de bâton. Je craignois encore que cette affaire ne vînt aux oreilles des autres Turcs, qui pourroient la réveiller; c'est pourquoi j'obligeai Delaunai à quitter le caravanserai, et à prendre un logement à l'hôtellerie française, pour éviter toute recherche. Le pauvre Delaunai, avare à outrance, partit et fut bien désolé de faire la dépense de son logement et de sa nourriture. Il est très-certain que si l'Arabe eût parlé de son imprudence, les Turcs qui demeuroient dans le caravanserai, l'auroient arrêté et traduit chez le cadi, et tout étoit perdu.

Une autre aventure est arrivée dans Smyrne,

moins grave à la vérité, en ce qu'il ne s'agissoit point de femme turque, mais assez sérieuse pour trouver une place dans l'histoire.

CHAPITRE XXLIV.

Comment se punit l'adultère d'un prêtre grec. Hypocrisie de ces prêtres ; usage qu'ils font de l'aspergès. Conseil d'un évêque à cet égard.

LES papas ou prêtres grecs se marient une fois, et ne peuvent contracter de nouveaux liens, s'ils deviennent veufs. S'ils sont pris en adultère, ou s'ils prévariquent dans leur devoir, la justice s'empare du délinquant, et le condamne à une amende pécuniaire, plutôt que de le punir corporellement.

Un jeune papa marié ne se contentoit pas de sa femme ; il fit connoissance de celle d'un Grec, et en devint amoureux. En général, les prêtres grecs conservent un *decorum* honnête ; rarement on les voit regarder les femmes avec des yeux de convoitise, et se familiariser avec elles. Le papa dont il s'agit, éloignoit, par sa conduite extérieure, toute sorte de soupçon ; à peine levoit-il les yeux ; il ne sortoit de sa bouche aucun mot qui pût la souiller; il ne l'ouvroit que pour des exhortations pieuses. Il cachoit si bien son hypocrisie, qu'il auroit longtemps joué son rôle, sans les fréquentes visites qu'il faisoit à Chera Catharina, femme de Manoli, sous le prétexte d'aller faire chez elle des *hiasismos*, de deux jours l'un.

Le *hiasismos* est une cérémonie superstitieuse, que la plupart des Grecs observent scrupuleusement lorsqu'ils sont malades, ou qu'ils craignent de le devenir. Ce n'est autre chose que la bénédiction de l'eau, qui se fait en récitant quelques prières et en l'exorcissant pour en éloigner ce qu'elle peut avoir d'impur. Quand les prières sont finies, le papa trempe l'aspersoir dans le bénitier, et en asperge le lit dans lequel est le malade, et les murs de la maison, pour purifier les souillures qu'elle pourroit avoir contractées.

Sous le masque d'une vertu austère, le jeune papa nourrissoit secrètement sa passion pour Catharina, et trouvoit les moyens de la satisfaire par cette pratique extérieure de religion. Il prenoit les momens de l'absence du mari, pour asperger la femme et la maison; cette cérémonie d'ailleurs rapporte du profit, en ce qu'on paie les *hiasismos* des papas, et en outre le prix du cierge béni qu'ils ont soin d'apporter avec eux, qu'ils allument chez le malade.

Quelques Grecs mal intentionnés, ayant conçu des soupçons sur la conduite du jeune prêtre, dénoncèrent à l'évêque l'espèce de scandale que causoient dans la paroisse ces fréquentes visites dans la maison du Grec, lui représentèrent qu'elle donnoit lieu à de méchans propos de la part des Chrétiens romains. L'évêque, intéressé au bon ordre de son clergé, voulut être assuré du dérangement de son prêtre, avant que d'en venir à une punition juridique. Pour s'en convaincre, il fit venir Manoli, mari de Catharina, qui se rendit respectueusement à son invitation, lui fit une profonde révérence et lui baisa la main. Le prélat donne sa bénédiction à Manoli et lui dit : « Mon enfant, il court un bruit que le jeune papa de ta paroisse va dans ta maison deux ou trois fois par semaine, sous prétexte d'y faire le *hiasismos* : cette cérémonie est certainement un acte de piété; mais si elle se fait dans une vue criminelle, il est nécessaire d'arrêter le scandale occasionné par un homme sacré qui doit donner l'exemple à ses paroissiens, dans une ville surtout où il y a beaucoup de schismatiques romains : ils ne manqueroient pas de comparer nos prêtres aux leurs, qui, après avoir fait vœu de chasteté, se livrent la plupart à des débauches effrénées.

» Pour t'assurer si le papa est coupable d'adultère, j'exige de toi que tu médites un voyage, et que tu prennes le temps qu'il te faudra pour te cacher dans ta maison, afin d'être à portée de voir ce qui s'y passera. Tu recommanderas à ta femme de faire faire un *hiasismos* en ton absence, pour obtenir de la sainte Vierge un heureux voyage. Si ta femme est coupable, elle appellera le papa, qui ne manquera pas de venir à son invitation; tu examineras leur conduite, et aussitôt tu viendras m'en rendre compte ».

Le projet fut facile à exécuter; Manoli prétexte un voyage pour le lendemain: la jalousie ordinaire aux Grecs avoit déjà pénétré dans son ame; il se détermine à les punir de sa propre main, s'il les trouvoit en flagrant délit. Un peu avant son départ, pour écarter sa femme, il l'envoie chez un de ses parens, lui dit qu'il l'attend sur le port, afin de lui communiquer quelque chose d'intéressant. Pendant l'absence de sa femme, il se cache à son aise, prend les provisions nécessaires, dans le cas où il auroit à garder longtemps *l'incognito*.

CHAPITRE XXXV.

Horrible traitement qui suit l'hiasismos.
Sentence du Cadi. Usage des Turs dans
la flagellation des femmes.

CATHARINA deux heures après rentre chez
elle, trouve son mari parti, court à la maison
du papa. Ce prêtre, qui étoit sorti avec sa
femme, l'aperçoit de loin; Catharina, pour ne
point causer de soupçon à la papadia, va à leur
rencontre et dit : « Papa, je vous prie de venir
faire à la maison un *hiasismos*, pour demander
à la sainte Vierge que mon mari fasse un bon
voyage, et qu'il ne lui arrive point d'accident
fâcheux; Manoli est parti de ce matin avec un
gros temps, hélas ! je crains qu'il ne lui arrive
quelque malheur ; j'ai fait cette nuit un rêve
affreux, et d'ordinaire mes rêves me présagent,
suivant ce qu'ils sont, du bien ou du mal, et
comme celui que j'ai fait a quelque chose d'ef-
frayant, j'ai recours à un *hiasismos* pour me
donner la tranquillité».

La papadia dit à son mari qu'il pouvoit aller
le faire dans la matinée. Le saint homme répondit qu'il ne le pouvoit que dans l'après-

dîner, que sa parole étoit donnée pour en faire chez trois particuliers qui étoient malades et qui l'attendoient.

Ces paroles dites, d'une manière ingénue, en présence de la papadia, firent un merveilleux effet ; elle ne put se douter de rien. Catharina retourna chez elle, s'occupa, en attendant l'heure de l'aspergès, à préparer une collation frugale qu'elle se proposoit d'offrir au faiseur et donneur d'eau bénite ; il ne manqua pas de venir sur les quatre heures avec son bénitier, son cierge et son aspersoir. Aussitôt entré, la porte se ferme avec soin. Le papa débuta par une cérémonie tout-à-fait opposée à celle de *l'hiasismos* ; quant à l'eau bénite, elle fut faite en un clin-d'œil ; mais au moment où il alloit commencer l'aspersion, le mari sauté d'une trappe qui donnoit dans un grenier au-dessus du lit, et tombe, un bâton à la main, sur le prêtre, maltraite l'amant et la maîtresse si rudement, que le papa ayant reçu sur la tête un coup de bâton, le sang ruisseloit sur son visage. Le bruit fut entendu des voisins, qui forcèrent la porte, virent le papa baigné dans son sang, et la femme meurtrie de coups de bâton, et ne pouvant se relever.

Le papa cherchoit à s'esquiver, afin d'éviter la honte qui devoit résulter de cette scène pour un homme de cette espèce ; mais le cadi déjà prévenu de ce qui venoit de se passer dans la maison de Manoli , envoya quatre estaffiers prendre le prêtre, le mari et la femme. Ils se présentent devant le cadi; Manoli déclare tout, fait le détail exact de l'affaire ; il avoue même que c'étoit par le conseil de l'évêque qu'il s'étoit caché chez lui, et qu'il avoit pris les coupables sur le fait.

Le cadi saisit cette occasion pour faire l'éloge de la religion mahométane, et dit au prêtre grec : « Chien de papa, tu manques au vœu que tu as fait ; tu es donc persuadé que ta religion est fausse, puisque tu prêches aux autres ce que tu ne fais pas ? Et toi , infame chrétienne , tu ne respectes donc pas les dogmes de ta croyance, lorsque tu t'abandonnes à un ministre de ta secte ? puisque tu avois la volonté d'être infidelle, tu aurois dû au moins préférer tout autre homme. Pour toi, indigne prêtre, je te condamne à donner une bourse de piastres dans trois jours, au défaut de quoi je te ferai mourir à coups de bâton sur la plante des pieds , et jusqu'à ce que tu ayes trouvé cette somme, tu vas être mis au tomberoute, (et sur-le-champ il y fut mis). Le cadi se retourne vers Catharina et lui dit : « Toi, pour avoir commis une si énorme faute, j'ordonne qu'il te soit donné sur les fesses quinze coups de bâton; et toi, Manoli, vas dire à ton évêque de quelle manière je rends la justice». Manoli remercie le cadi, et le prie sur-le-champ de le divorcer civilement : « L'évêque, dit-il, fera le reste». Il demanda cependant grace pour sa femme, mais le cadi la refusa, parce qu'elle n'étoit pas suivie de cinquante piastres ; le mari s'en doutoit bien, mais il ne voulut pas payer son affront.

Deux domestiques du cadi apportèrent une demi-douzaine de baguettes d'osier, attachèrent Catharina sur une échelle, en lui passant les bras dans un des échelons, pour l'assujétir. A chaque coup, cette malheureuse jetoit les hauts cris; le cadi, qui fumoit sa pipe, comptoit lui-même les coups. On s'imagine bien que pendant cette dure cérémonie, Catharina ne songeoit pas à se faire asperger, mais elle pouvoit bien maudire le bénitier et le faiseur d'eau bénite. N'étant pas en état de marcher, à cause de la douleur qu'elle ressentoit, elle attendit jusqu'au soir chez le cadi, non pour retourner chez elle, où elle se doutoit bien qu'elle ne seroit pas reçue, mais chez une de ses parentes.

Manoli alla rendre compte à l'évêque de tout ce qui s'étoit passé, et pria son éminence de ratifier le divorce que le cadi lui avoit accordé civilement, ce qu'il fit sans hésiter. Ce prélat

voulut donner un exemple authentique de son
zèle pour la religion à tous les prêtres grecs de
Smyrne : il les convoqua tous , ainsi que les
primats, pour un dimanche qu'il officioit. Après
l'évangile, il vint au milieu de la nef avec un
livre d'exorcisme, nomma le papa criminel de
lèze-religion, le déclara infame et déchu de la
prêtrise , lui lança une excommunication, et
défendit à tous les Chrétiens de communiquer
avec lui, sous les mêmes peines : ensuite il fit
chanter des prières pour sa conversion.

CHAPITRE XXXVI.

Purifications turques. Tour que fit à cette occasion un Provençal à des Musulmans.

IL y avoit environ quinze jours que mon camarade s'étoit retiré à l'auberge des Français ; il sortoit rarement, dans la crainte d'être rencontré par le marchand arabe. Ce dernier partit aussitôt qu'il eut vendu ses négresses, et s'embarqua pour Alexandrie : je gagnai à son départ ; il lui restoit deux quintaux de riz qu'il n'avoit pas consommés ; il me proposa de les acheter. Je feignis de ne pas m'en soucier ; mais il m'engagea à les prendre pour ce que je voudrois lui en donner : je lui offris une piastre du tout, il me le livra sur l'heure. J'eus donc deux cent-quatre livres de riz pour une piastre du Levant, qui, dans le temps, valoit quarante-cinq sols de France, de manière qu'il ne me revenoit pas à un liard la livre.

Les fenêtres de l'auberge des Français donnoient sur le port ; l'on voyoit aller et venir toutes sortes de gens, et les vaisseaux arriver à Smyrne et en partir.

Un jour que Delaunai considéroit, de sa fenêtre, l'ensemble de la rade, il aperçut une douzaine d'ouvriers qui venoient, l'un après l'autre, lâcher de l'eau derrière le mur d'une maison construite sur le bord de la mer. Après avoir satisfait à ce besoin, ils alloient s'essuyer contre une pierre, de peur de contracter la moindre souillure. Un Provençal qui étoit à la fenêtre à côté de mon ami, s'amusoit beaucoup de cette formalité religieuse; il résolut de jouer un tour aux Musulmans qui viendroient se purifier à cette pierre. Pour exécuter son dessein, il acheta chez un apothicaire français, de la poudre caustique qui cause des démangeaisons extraordinaires; le Provençal descend sur le port, attend le moment que ces ouvriers, appelés par le derviche, se rendent à la mosquée pour faire la prière, et saupoudre la muraille où ils alloient se frotter.

Ils repartirent deux heures après, et dans le nombre il y en eut qui eurent besoin de lâcher de l'eau, avant de reprendre l'ouvrage; ils allèrent, suivant leur coutume, se frotter contre le mur; le Français qui ne les avoit pas perdus de vue, les vit se tourmenter, et faire d'horribles contorsions, à cause de la douleur que leur causoit un endroit si sensible.

Il entendit ces pauvres Musulmans blasphémer, jurer et faire des imprécations contre

celui qui leur avoit joué ce tour ; ils coururent
chez le consul, qui les accueillit fort mal, et
leur dit : « Amenez-moi des témoins, ou dési-
guez celui qui a fait cette méchanceté, et je le
ferai punir ; mais tant que vous ne le connoîtrez pas, je vous dirai que ce peut être un
homme de toute autre nation, comme de toute
autre secte ». Ils se retirèrent très-mécontens,
et furent obligés d'aller trouver le chirurgien,
qui leur donna des adoucissans pour calmer les
douleurs et diminuer le gonflement occasionné
par l'irritation.

Furieux d'être le jouet d'un inconnu, d'une
secte étrangère, ils vouloient porter leur plainte
au cadi, pour qu'il forçât le consul à les dédommager de leur journée ; mais leurs compatriotes, plus modérés, les en détournèrent, en
leur disant « que leur cause étoit mauvaise, et
qu'ils feroient mieux de l'abandonner, parce
que la Nation française avoit dans Smyrne des
droits et une prépondérance que d'autres n'a-
voient pas ».

Nous eûmes lieu d'être satisfaits de notre
voyage à Smyrne; tout nous y prospéroit : nous
y vendîmes nos marchandises à un très-gros
bénéfice, mais il est peu de beaux jours sans
nuages. Un accident auquel jamais nous n'au-
rions dû nous attendre, qui cependant n'eut

point de suites fâcheuses, vint troubler un moment nos plaisirs et notre tranquillité. C'est ce que je vais raconter dans le chapitre suivant.

CHAPITRE XXXVII.

Le janissaire enviné. Dissertations vigoureuses et représentations concernant la loi qui défend le vin, et les motifs qui avoient engagé Mahomet à la porter. Sortie du janissaire contre l'inéducation des enfans et les vexations du gouvernement.

Un jour je revenois de prendre du vin blanc dans une grande bouteille carrée, pour notre provision journalière ; un janissaire ivre me voit passer dans la rue avec ma bouteille enveloppée d'une serviette, pour n'être pas aperçu des Turcs. Il lui prend envie de me suivre, et je ne fus pas peu étonné de voir entrer derrière moi un Musulman à face envinée qui me dit : « Bon jour, marchand, tu portes du vin, je veux en boire, dépêche-toi de m'en donner ».

« Tu n'ignores pas, lui répondis-je, que si le cadi et l'aga savoient que je te donne du vin, ils me feroient punir ; je te prie donc de te retirer, pour m'éviter une punition qui seroit injuste ». Pour toute réponse, il tire son cimeterre : « Donnes-moi du vin, te dis-je, ou je te tue ». Je n'eus que le temps de faire un saut en arrière, et de lui dire : « Tiens, prends toi-même la bouteille, et fais ce que tu voudras. Si je suis appelé en justice, je pourrai dire que tu es entré chez moi, que tu t'es emparé d'une bouteille de vin, et que tu l'as bue malgré moi ».

Après quelques réflexions, il ajoute : « Tu as bien fait de me laisser ce vin à discrétion, sans cela, toi et ce chien qui est à côté de toi, vous n'existeriez plus ». Il s'asseoit sur mon pailler, prend un verre, et boit jusqu'à la dernière goutte. Pendant qu'il buvoit, j'eus la précaution d'aller chercher le maître du caravanserai, et lui racontai de quelle manière je m'étois comporté avec le janissaire, la violence dont il avoit usé envers moi, les observations que je lui avois faites sur le danger auquel il m'exposoit. Je le priai de monter pour en être témoin : « Brave Français, me répondit-il, tout-à-l'heure je te suis ». Il vint en effet, accompagné d'un autre Turc : ils trouvèrent le janissaire qui achevoit la bouteille. En une heure de temps, il avoit bu quatre pintes de vin, sans manger, sans compter l'eau-de-vie qu'il avoit déjà bue.

Mes deux témoins étant présens : « Je vous déclare, braves Musulmans, leur dis-je, que ce janissaire est entré dans mon logement malgré moi ; que de son autorité il a pris ma bouteille remplie de vin, et qu'il l'a bue ainsi que vous le voyez ; qu'il nous a ménacés de son cimeterre, lorsque je me suis permis de lui faire quelques remontrances justes. Je vous répète ce qu'il a dit, afin que vous lui fassiez observer qu'il manque à son devoir ».

« Tu as donc perdu la raison, mon frère, lui dit le caravassaly bachi ? tu sais que notre loi nous défend cette liqueur ; que son excès fait perdre le bon sens, et que c'est par cette raison que notre saint prophète l'a défendue. Tu causes du scandale, tu bois le vin de cet homme sans le payer, tu l'exposes même à subir un châtiment, tandis qu'il est innocent. Si les gens du cadi fussent entrés ici par hazard, et que ce Français n'eût pas eu la sage précaution de m'avertir, il lui seroit arrivé une affaire dont il auroit eu peine à se retirer ». Le Turc répondit par un jurement. « Le malheur, ajouta-t-il, n'eût pas été grand ; gardes tes leçons pour toi, j'aime le vin ; il en avoit, je l'ai forcé de m'en donner. S'il m'en eût refusé, je l'aurois tué ; ce chien auroit été dans l'autre monde faire des reproches à Mahomet de ce qu'il a défendu le vin aux Musulmans: au surplus, puisque le prophète ne vouloit pas que nous bussions du vin, il devoit donc défendre qu'on cultivât la vigne. Il avoit l'oreille de Dieu, il lui étoit facile d'obtenir cette prohibition.

» Écoute, Osman, je suis un peu ivre, mais crois bien que si notre prophète a défendu le vin, c'est qu'il n'en avoit peut-être jamais goûté; tu sais qu'il étoit pauvre, qu'il demeuroit dans un pays sec et brûlant qui ne produit point de vignes. La plus grande preuve qu'il ne buvoit que de l'eau, c'est qu'il fit construire des fontaines partout où il pensoit qu'on pouvoit trouver de l'eau, tant pour boire que pour faire les ablutions ordonnées aux Musulmans.

» Je te l'ai déjà dit : j'aime trop le vin pour cesser d'en boire ; lorsque je serai avancé en âge, je ferai serment de ne plus offenser Dieu, et alors je quitterai le vin ».

Osman lui répond : « Ou tu blasphèmes, ou tu es religieux ; tu dis en même temps du mal et du bien de Mahomet ; je crois que c'est cette maudite liqueur qui te fait déraisonner. Tous les Ottomans se privent de vin et sont bien portans; sans le vin n'ont-ils pas remporté des victoires éclatantes? n'ont-ils pas subjugué la Perse et d'autres États de l'Asie ? Le croissant n'est-il

pas arboré dans une grande partie de l'Afrique
et de l'Europe ? Les peuples qui professent
notre sainte religion sont innombrables, et ils
ne boivent pas de vin. L'Alcoran, qui prescrit
cette maxime, est beau, pur, juste; il doit donc
être jmmuable : vois combien les grands de notre
nation ont de respect pour ce livre sacré, et de
vénération pour les imans qui en prêchent les
dogmes ».

Le janissaire reprend la parole et dit : « Sais-
tu, Osman, pourquoi j'admire ton discours?
c'est que je ne sais ni lire ni écrire; sais-tu pourquoi les deux tiers de la terre sont de vrais
croyans ? c'est qu'ils sont aussi ignorans que
moi. Nous n'avons point de colléges pour instruire la jeunesse; l'imprimerie est défendue;
il y a dans chaque village turc, une école pour
apprendre à lire et à écrire, et le maître ne le
sait pas lui même. La grande science de l'empire est d'être persuadé que notre religion est
la seule bonne, et que toutes les autres sont ré-
prouvées; qu'il faut persécuter, tourmenter,
piller les hommes qui ne la professent pas;
qu'on doit tenter tous les moyens, la violence
même, pour faire des prosélytes. L'usage de
l'empire est de ne confier aucune place, aucun
poste, aux hommes d'une autre secte, de ne pas
même leur permettre de bâtir des temples pour

leur culte sans un firman du grand sultan ; on les
soumet à payer des amendes arbitraires, des
impôts exorbitans ; on lève un dixième et plus
sur leurs récoltes ; ils ne peuvent porter sur eux
la couleur favorite du saint prophète, ni faire
le moindre exercice de leur religion sans la permission du cadi et une rétribution qu'il exige.
Cette loi dure, vexatoire, se trouve dans l'Alcoran dicté par Mahomet.

» Tu viens de dire, Osman, que les grands
de l'empire sont les plus scrupuleux observateurs de notre sainte religion ; sans doute : un
empereur a intérêt de donner le premier l'exemple de piété pour une croyance, pour un culte
qu'il exerce, et dont il se dit le protecteur. Il est
très-à-propos qu'il inspire du respect pour les
imans, pour les mosquées ; qu'il fasse observer
les jours de fête désignés par Mahomet et par
ses apôtres ; qu'il n'accorde de dignités qu'aux
Musulmans, et que le muphti qu'il nomme soit
partisan déclaré de l'Alcoran. S'il est vrai que
nous soyons des hommes chéris de Dieu, si
nous sommes des vrais croyans, si nous avons
foi à la religion de notre saint prophète, nous
en devons l'obligation à notre stupidité et à notre
ignorance. Les fonctionnaires tiennent leur pouvoir du sultan, qui n'est pas plus instruit qu'eux,
et qui se donne bien de garde de permettre

l'instruction ; elle ne pourroit qu'être nuisible à sa puissance, car c'est cette ignorance qui fait le soutien de son empire, et qui nous donne de l'orgueil et de l'arrogance, lorsque nous parlons à ceux qui professent le christianisme.

» Il suffit que nous soyons Turcs pour que nous ne respections nullement les hommes d'une secte qui diffère de la nôtre ; j'en suis ici un exemple. Tu vois qu'en ma qualité de Musulman, j'ai été chez ce chien de Chrétien, (ma religion m'ordonne de le nommer ainsi), lui demander avec violence son vin; s'il me l'eût refusé, peut-être l'aurois-je tué par colère, et si cela fût arrivé, certainement la justice m'eût soustrait au châtiment d'un acte imprudent commis sur la personne d'un infidèle, et cela par préjugé de religion. C'est précisément ce système religieux qui autorise les grands à permettre à leurs inférieurs d'opprimer, de tyranniser, de ruiner tous ceux qui ne sont pas de notre loi; et pour être soutenus du peuple, ils lui permettent d'insulter, de maltraiter ceux qui ne sont pas Musulmans. Si par hasard le Chrétien ou le Juif demande justice de quelque injure qu'un Turc lui aura faite, il est renvoyé sans satisfaction. Si au contraire le Chrétien ou le Juif parloit avec trop d'arrogance à un Turc, il seroit puni sur-le-champ. Tout ce que je te

dis, mon cher Osman, se passe journellement
sous tes yeux, et c'est la pure vérité ». Le
janissaire avoit cessé de parler, et s'étoit réservé
de dire quelque chose de plus fort, lorsque Osman demanda à répondre.

Le janissaire veut reprendre la parole; Osman l'interrompt : « Pardieu, dit-il, si je te
fréquentois longtemps, et si tu continuois à
m'entretenir, tu m'aurois bientôt perverti ;
je commence à croire que tu as un peu raison.
Je te laisse; je vais faire mon ablution; l'heure
approche où notre derviche va monter à la
mosquée ». Il dit et part. Nous, nous achevons
de vider avec le janissaire la grande bouteille
quarrée.

CHAPITRE XXXVIII.

*Visite d'un Turc moscovite dans un Cara-
vanserai. Son Histoire. Motif de sa visite.*

QUELQUES jours après je vois entrer chez
moi un autre janissaire d'une grande taille, un
cimetère à son côté, deux pistolets à sa ceinture, qui me salue respectueusement et dit en
mauvais jargon : « *Bona journa* ». Je lui répondis en bon Turc : « *Je vous le souhaite* ».
Je lui demandai ce qu'il desiroit : « Le plaisir
de vous voir, me dit-il » : je craignois que ce
ne fût encore quelqu'ivrogne ; mais lorsque je
vis qu'il ne demandoit pas de vin, je le priai
de s'asseoir ; ce qu'il fit. Il entama la conversation, et me demanda de quel pays j'étois,
ce que je faisois ici, pourquoi j'étois venu loger dans le quartier des Turcs ; il me représenta
que j'eusse été mieux parmi les gens de ma
nation, qu'il y régnoit beaucoup de tranquillité
pour nous, et que dans un quartier éloigné du
nôtre, il y avoit du danger, attendu que les
Turcs étoient mal intentionnés pour les Chrétiens, qu'il pourroit se faire que quelqu'ivrogne
vînt me forcer à lui donner du vin ; que si j'avois

le malheur de lui obéir, et que cela vînt à la connoissance de la justice, elle prendroit ce prétexte pour exiger un fort *geremet* , peut-être même pour me punir corporellement.

Je le remerciai de son avertissement, et lui dis que j'avois prévu tous ces dangers, et que si j'étois venu demeurer dans le quartier des Turcs, c'étoit pour éviter la dépense, que je n'avois pu trouver une chambre à louer, que notre hôte louoit des chambres, mais qu'il les louoit si cher, que nous ne pouvions en donner le prix, notre fortune étant modique, et que d'ailleurs nous n'étions pas à Smyrne pour longtemps, que notre intention étoit de retourner en France aussitôt après notre emplète faite. Il s'excusa du mieux qu'il put sur ce que sa curiosité l'avoit porté à me faire ces démandes; mais « c'est, dit-il, par l'intérêt que je prends aux Chrétiens.

Ali bacha , c'étoit le nom que ce jan portoit dans Smyrne, me fit la confidence qu'il étoit Chrétien moscovite; que les Turcs l'avoient fait esclave au camp de Bender, dans la dernière guerre entre l'impératrice des Russies et le grand seigneur; que lors de son esclavage il fut emmené à Constantinople , qu'on voulut le rendre eunuque pour le service du sérail, ou le mettre au Bagne comme forçat; et que pour éviter ces deux châtimens, il se détermina à se laisser circoncire, conservant toujours dans son cœur la religion de ses pères. Au moyen de cette ruse, les Turcs ne se méfioient pas de lui ; il lui étoit facile de s'évader, et de s'en retourner dans le sein de sa patrie.

Je me donnai bien de garde de le blâmer de sa bonne intention ; je l'exhortai au contraire à exécuter son projet, et après une conversation d'une heure, bien persuadé qu'il étoit Chrétien, je lui offris des rafraîchissemens ; il les accepta, sortit un instant, et rentra, portant dans son mouchoir une grosse poularde rôtie, et un melon sous son bras. « Comme j'ai agi, me dit-il, avec franchise avec vous, j'espère que vous en userez de même avec moi. Je me fais un sensible plaisir de passer quelques momens avec vous».

J'étendis une serviette sur la natte d'osier, et nous nous mîmes à table, nous mangeâmes la poularde, le melon, nous bûmes du vin ; il but à la santé de nos femmes qui étoient en France ; il but aussi à la santé de sa mère, qu'il nous dit être vivante et qu'il chérissoit de tout son cœur. Après le repas, il se leva et me dit: « Je peux venir chez vous secrètement, je ne serai pas vu ; d'ailleurs vous êtes Français, je

peux vous parler sans conséquence. Notre *Beiram*, la Pâques, arrive dans dix jours; si vous
êtes encore ici, comme je le desire, vous pourrez vous amuser à voir cette fête, et, si vous le
permettez, je viendrai la faire avec vous; j'aurai
l'agrément de boire du vin; nous tâcherons de
nous amuser ensemble». Je ne pus pas lui refuser, il étoit Chrétien; j'étois d'ailleurs persuadé qu'il seroit prudent, et qu'il ne s'enivre-
roit pas.

CHAPITRE XXXIX.

Temps choisi pour la Circoncision.

LE jour de la fête, nous allâmes, Delaunai et moi, nous promener dans la ville ; je ne fus pas peu surpris de rencontrer un Turc proprement vêtu, accompagné de quatre enfans, dont le plus âgé avoit douze ans. Ces enfans suivoient leur père à pas comptés ; ils tenoient tous les quatre avec la main, le devant de leurs grandes et larges culottes, à la plus grande distance qu'ils pouvoient, de crainte que le caleçon ne touchât le bas du ventre, ce qui leur auroit causé beaucoup de douleur. A notre retour, je demandai à Ali bacha la raison qui contraignoit ces enfans d'éloigner ainsi leurs culottes de leur ventre. Il me répondit que la plupart des Turcs qui avoient des enfans mâles, ne les faisoient circoncire, que lorsqu'ils jugeoient n'en devoir plus avoir avec leurs femmes, qu'ils attendoient pour cette cérémonie un jour de *Beiram*, et que le jour où on la faisoit, les parens assistoient à un festin que le père leur donnoit.

Nous dinâmes bien, nous bûmes d'excellent

vin sans nous incommoder, et ensuite nous allâmes au café des Turcs, où il y en avoit un
grand nombre de rassemblés. Presque tous
avoient de ces instrumens du pays, que l'on
nomme *chiour* ; ils chantoient et accompagnoient leurs voix de cet instrument. De temps
en temps, en prenant le café, ils avaloient une
petite pilule d'aflian, qui n'est autre chose que
de l'opium, qui les étourdissoit si fort, qu'ils
faisoient un bruit à ne pas s'entendre.

Ali bacha nous quitte et va dans le fond du
café embrasser un homme qu'il reconnoît ; il
l'amène à côté de nous. Cet homme nous salue et s'asseoit à la turque : Ali bacha lui fait
prendre le café, et desire converser avec son
ami : il se nommoit Ibrahim bacha ; comme
on ne pouvoit s'entendre à cause du bruit des
chanteurs, nous retournâmes tous au logis.

Curieux d'entendre l'histoire d'Ibrahim bacha, je le priai de la commencer et de nous
donner un détail des malheurs qu'il avoit, di-
soit-il, éprouvés en Turquie.

CHAPITRE XL.

Le Capitaine moscovite devenu jardinier turc. Ses amours.

En sortant du café, Ali bacha nous quitta et revint un moment après avec des provisions dont, à la rigueur, nous n'avions pas besoin; j'en excepte la farine, le beurre, les œufs et le sucre, qui nous servirent à faire des bégnets.

Delaunai fit remplir la bouteille de bon vin muscat de Samos; nous la vidâmes à nous quatre en peu de temps; il voulut en aller chercher une seconde, mais nous cessâmes de boire.

Pendant que le souper se préparoit, et que Ali bacha faisoit les bégnets, Ibrahim raconta ses aventures en ces termes: « Je suis né à Saint-Pétersbourg, ville capitale de la Russie, sous le règne de l'impératrice Catherine II; nous étions en guerre avec la Porte, il y a environ dix ans. Je servis en qualité de soldat, pendant six ans, et dans une promotion que l'on fit au retour d'une campagne, je fus élu capitaine, grade que feu mon père avoit, lorsqu'il fut tué dans cette funeste guerre.

» J'étois jeune encore, j'avois de l'ardeur et j'étois entreprenant ; je reçus l'ordre de commander un avant-poste : je partis au déclin du jour avec cinquante hommes, et je m'avançai, sans songer au danger, dans un ravin entre deux montagnes. La nuit et le bois m'empêchèrent de découvrir deux pelotons de l'armée turque, dont l'un étoit à droite sur le sommet de la montagne, et l'autre à gauche placé dans le bas du ravin. Tout-à-coup je me vois assailli par la mousqueterie, qui donnoit de droite et de gauche : vingt de mes soldats tombent sous mes yeux, et dans le nombre étoient mon sergent et mes caporaux. Ne voyant point jour à faire retraite, je me rendis prisonnier : je fus conduit à *Oczacou*, ville assez forte sur la mer d'Asoph, en Crimée. Les vainqueurs n'eurent aucun égard au grade que j'occupois : les travaux pénibles auxquels j'étois condamné, le peu de nourriture que je prenois, et un fond de chagrin qui s'empara de moi, ne contribuèrent pas peu à altérer ma santé. Tu m'as connu, Ali bacha, je pouvois passer pour un bel homme ; aussi le bacha qui dans cette rencontre, commandoit la légion ottomane, ne voulut jamais consentir à mon échange ; il demanda une rançon si exorbitante, que ma malheureuse mère, déjà

trop indigente, ne put la donner : je fus donc
forcé de demeurer esclave.

Un jour, j'étois assis au soleil sous les fenêtres
d'un Turc qui avoit une femme et une jolie esclave âgée de dix-huit ans; c'étoit l'heure du
déjeûner, je mangeois un morceau de pain et
de fromage, et je plaignois mon sort; je sou-
pirois : tout-à-coup j'entends une voix de femme
qui me dit en langue turque : « Mon ami, as-tu
besoin de quelques secours »? Je me retournai
avec précipitation, et je me levai pour fuir,
lorsque je m'aperçus que c'étoit une charmante
fille qui m'adressoit la parole. Je craignois que
quelque Turc ne me vît parler à cette jeune
esclave; je lui répondis tout effrayé : « Je vous
fais mille remercîmens, mon cœur ». En re-
culant, je la fixai et vis qu'elle avoit de beaux
yeux, une petite bouche, des lèvres vermeilles,
les dents blanches comme l'ivoire, la taille faite
au tour.

Je sentis dans mon cœur des émotions que
je n'avois pas encore éprouvées; j'avois sûre-
ment plu à cette jeune fille : elle paroissoit fâ-
chée de ma fuite. Elle m'adressa une seconde
fois la parole et me dit : « Chrétien, demain,
viens ici, j'ai quelque chose à te dire ». Je
lui répondis : « Sur ma tête je viendrai, mon

cœur ». Elle ferma sa petite fenêtre et disparut.

Je retournai à mon ouvrage, je bêchois la terre dans le jardin de mon maître, qui étoit assez content de mon travail. Je passai la journée dans une grande agitation, j'étois tout à-la-fois triste et joyeux : Stéphani, me disois-je à moi-même, (Stéphani est mon prénom, Ibrahim est mon nom d'esclave), tu es amoureux, et tu n'as jamais connu l'amour ! » Appuyé sur ma bêche faite en forme de béquille, je réfléchissois sur ma triste situation : Je sens que j'aime, me disois-je, mais j'ignore si je suis aimé. A quel danger vais-je m'exposer, si je hasarde d'aller sous les fenêtres du Turc ; la loi est sévère, même cruelle contre le malheureux Chrétien qui a la témérité de jeter les yeux sur une Musulmane, fût-elle la dernière des esclaves. Si j'ai le malheur d'être aperçu, il faut que je périsse ou que je devienne apostat.

Malgré le tourment que me causoient ces idées, je continuai mon travail jusqu'au soir. Je repris mes occupations le lendemain jusqu'à neuf heures ; en déjeûnant j'allai jusques dessous les fenêtres de la belle esclave ; une force invincible m'y entraîna. Je m'assis sur une pierre, me proposant de finir bien vîte mon déjeûner et de fuir aussitôt ; mais j'entendis ou-

vrir doucement la petite fenêtre grillée, elle
étoit au-dessous du premier étage. Je me retourne et j'aperçois celle qui déjà étoit la maîtresse de mon cœur ; elle me dit : « N'aie pas
peur, Chrétien, je suis éloignée de te faire du
mal, je gémis sur ton sort, tu es esclave, tes
vêtemens me le confirment ; si tu as besoin de
mes services, je chercherai tous les moyens
possibles pour adoucir tes peines, pour venir
à ton secours, dussai-je faire le sacrifice de
ma personne ». Ce dévouement fit une telle impression sur mon esprit, jeta le trouble dans
mon ame au point que j'en restai interdit et
que je ne lui répondois qu'en balbutiant, et
sans savoir ce que je lui disois. « Belle *Caden*,
depuis hier que j'ai eu le bonheur de vous voir,
je ne suis plus le même, j'ai perdu l'appétit,
le sommeil et le repos dont j'ai besoin m'ont
privé toute la nuit de leur douceur, la force
me manque pour le travail, et mon maître
s'est aperçu du dérangement qui s'est opéré
dans moi ». — « Ecoutes, mon ami, m'observa-
t-elle, ce n'est pas ici l'endroit où nous pouvons nous entretenir avec toute la liberté que
nous pourrions desirer ; contentons-nous, quant
à présent, moi de t'offrir mes services pour ce
qui seroit nécessaire à tes besoins urgens, toi si
tu peux chaque jour, venir me voir, je te don-

nerai des éclaircissemens sur des objets qui peuvent nous être favorables à tous les deux. Je t'en dis assez pour le moment ; accepte ces deux sequins, sers-t'en à l'insu de ton maître ; autrement il auroit des soupçons qui pourroient être préjudiciables à tous deux ; retourne à ton jardin : et sois cette nuit moins agité que tu l'as été la dernière ; cette belle fille ferma doucement sa fenêtre et me laissa.

CHAPITRE XLI.

Les deux sequins. Premier encouragement d'amour. Dans quel trouble il jette Ibrahim. Déclaration motivée. Énigme qu'on lui propose.

LORSQUE je me vis seul, je baisai cent et cent fois les deux sequins ; je retournai à pas redoublés dans mon jardin, je pliai mes deux sequins dans un linge, afin de les trouver plus facilement ; je les enfouis au pied d'un arbre, bien résolu de leur prodiguer chaque jour mes caresses, à l'intention de la reine de mon cœur. Je me mis à mon ouvrage, et fis dans le reste de la journée l'ouvrage d'un jour et demi.

Par hazard, mon maître vint dans l'après-

dinée se promener au jardin, et me témoigna sa
satisfaction, tant sur mon activité que sur ma
façon de travailler. « Ibrahim, me dit-il, tu
n'aurois pas trouvé mon jardin en si mauvais
état, si tu l'eusses façonné l'année dernière; si
tu continues comme tu fais, j'aurai, je crois, le
plaisir de le voir en bon ordre, et cela te fera
honneur. Ne te ralentis pas, tu seras content
de moi; je te récompenserai ». — « Je l'espère,
mon maître, lui répondis-je ». Il me laissa. Le
soir, avant de sortir du jardin, je retournai à
mes deux sequins, les baisai plusieurs fois et
rentrai au logis. Mon maître fit augmenter ma
ration, et je me couchai sur mon pailler, un
matelas par-dessus : les dernières paroles de la
jeune esclave m'occupèrent assez pour m'empêcher de dormir : *Je vous éclairerai sur des
choses qui peuvent nous être favorables à
tous les deux.* Je mis mon esprit à la torture
pour en deviner le sens, mais toutes mes idées
ne me présentoient que des difficultés. Si je me
figurois qu'elle eût l'intention de me faire entrer furtivement dans la maison de son maître,
dans le cas où elle auroit de l'inclination pour
moi, j'y voyois de grandes difficultés et encore
plus de danger pour l'un et l'autre. Si d'un autre
côté je pensois qu'elle s'occupoit des moyens de
m'entraîner dans sa religion, et que mon amour

pour elle fût le motif dont elle se serviroit pour me faire renoncer à ma croyance, cette dernière pensée m'affligeoit, parce que ma résistance la rebuteroit, et je voyois la belle esclave perdue pour moi. Je maudis plus d'une fois la petite fenêtre qui avoit porté le trouble dans mon ame. Je passai une nuit cruelle, et je craignois qu'elle ne finît trop tôt

Le jour parut; j'allai, selon ma coutume, dans le jardin, travailler jusqu'à neuf heures; alors je me trouvai au rendez-vous, mon déjeûner à la main. Elle me vit venir de loin, me trouva pâle, défait, et me dit d'une manière obligeante: « Stéphani, (je lui avois appris mon nom) dis-moi ce qui t'afflige; s'il t'est arrivé quelque chose, je ferai en sorte d'y apporter du remède »? Je lui répondis avec émotion: « Je suis dans une cruelle alternative : si je vous déguise ce dont je desire vous instruire, je mériterai votre haine, et si je vous déclare ce qui me tourmente, je tremble de vous perdre; et si cela arrive, j'en mourrai de douleur ».—Eh bien ! Stéphani, tu me rends plus curieuse, et je te prie de me satisfaire et de détailler les deux motifs qui te causent tant de peines; tu sais que le temps où nous pouvons parler est court. Commence, ou vas reprendre ton travail. —« Je vous obéis, fille incomparable; je vous déclare donc que je vous adore, que je ne peux vivre sans vous; j'ai toujours craint que cet aveu ne vous offensât et ne m'attirât votre indifférence. Je desire, pour mon bonheur, pour ma tranquillité, que vous le preniez favorablement.

» Quant à ce qui déchire mon cœur, à ce qui remplit mon ame d'amertume, à ce qui me plonge dans une incertitude pire cent fois que la mort, à ce qui enfin me fait craindre de vous perdre à jamais (je n'ai pas la force de vous l'exprimer); je me tais ». — Achève, Stéphani, je te l'ordonne. — J'y consens, le voici: « Eh bien ! je me suis flatté que je vous inspirerois du retour par mes soins, par mon attachement, par un amour pur, par ma tendresse, enfin, que vous possédez entièrement, et qu'alors je serois assez heureux pour obtenir votre cœur; mais que cependant vous ne me l'accorderiez qu'à des conditions que je ne pourrois remplir sans blesser mon amour-propre et sans me déshonorer.

» Je me jette à vos pieds, idole de mon cœur, prononcez actuellement mon arrêt de mort, ou mettez le comble à ma félicité. Répondez; dans le premier cas, dois-je craindre de vous déplaire, et dans le second, dois-je vous perdre ?» — « J'entends parfaitement ce que tu veux dire, reprit-elle ; lève-toi, ne reste point dans cette posture ; je m'intéresse trop à ta santé, pour te voir et te souffrir plus longtemps dans cette position.

»Écoute, Stéphani, ta physionomie, ta douceur , ton obéissance , ton infortune même, m'ont inspiré pour toi des sentimens auxquels d'autres ne pourroient prétendre ; je suis sensible à tes bons procédés , je t'assure que je ne te hais pas, c'est assez t'en dire ; demain, je te déclarerai mon projet , et tu seras plus content que tu ne penses; mais il te faudra beaucoup de discrétion, d'adresse et de fermeté. Je souhaite que tu devines tout ce que j'ai envie de faire, et si tu y parviens, sois le premier à me le déclarer; adieu, porte-toi bien ». Elle ferme aussitôt sa petite fenêtre, et se retire.

CHAPITRE XLII.

Ibrahim devine l'énigme que lui a proposé sa maîtresse. Second encouragement qu'elle lui donne.

RETOURNANT au jardin, je rencontrai *Hianaqui*, Grec établi à Oczakow, avec sa femme et ses deux enfans ; je lui demandai comment ils se portoient : « Assez bien, me dit-il, mon cher Stéphani ; mais nous sommes si tyrannisés par les Turcs, qu'il nous est impossible de vivre paisiblement. Chaque jour on nous suscite quelque mauvaise querelle, et on arrache de notre bourse jusqu'au dernier parat. A peine le peu que je gagne suffit-il pour cette maudite race. Je suis fâché de n'avoir pas suivi mon frère, qui, après avoir vendu le bien qu'il avoit ici, est passé en Russie ; il m'écrit depuis peu, et m'assure qu'il fait bien ses affaires à Moscow ».

« Que ne faites-vous de même, lui dis-je ? d'après cette nouvelle, j'aurois pris mon parti et déjà j'aurois quitté Oczakow ». — « Croyez, mon cher Stéphani, que si les circonstances le permettoient, je suivrois l'exemple de mon

frère. Mais l'aga et le cadi viennent de me con-
damner à une amende de deux bourses, que
mes terres et mes deux jardins n'ont pas suffi
pour payer. Je suis actuellement sans argent,
sans biens, et sans fonds pour entreprendre une
route de deux cents lieues, avec ma femme et mes
deux enfans. Je ne puis les faire voyager, dé-
pourvu de moyens pour vivre; vous êtes assez
juste pour voir l'impossibilité dans laquelle je
me trouve d'exécuter ce projet ».

« Adieu, mon cher Hianaqui, l'heure de
mon déjeûner est passée, j'aurai le plaisir de
vous voir après-demain, vendredi, (jour que
les Turcs observent, et pendant lequel ils ne
permettent pas que leurs esclaves travaillent).
J'ai quelque chose d'intéressant à vous dire,
tâchez d'avoir un peu de vin, je porterai de
quoi vous dédommager, et j'irai prendre le riz
chez vous; adieu, je vous laisse, je suis plus
à plaindre que vous; vous êtes libre, et je suis
esclave, adieu, adieu ».

Comme j'avois tardé de me rendre au jardin,
je craignois que mon maître ne s'en fût aperçu,
mais il étoit dehors pour faire les provisions de
sa maison; je réparai donc le temps perdu en
doublant mon travail. Je béchai jusqu'à l'heure
du dîner. Il me semble que dans l'entrevue que

je venois d'avoir avec ma bonne amie (je pouvois la nommer ainsi), elle m'en avoit assez dit,
même en ne m'assurant rien, pour que je fusse
persuadé qu'elle avoit pour moi un peu plus que
de l'amitié.

La soirée se passa; mais elle me parut longue
par l'ennui que j'éprouvai et l'impatience que
j'avois de revoir ma charmante esclave. Pendant la nuit, je me rappelois sans cesse ses dernières paroles; je me persuadois qu'elle avoit
formé le projet de fuir clandestinement de la
maison de son maître; qu'elle se muniroit de
fonds pour subvenir à nos besoins, dans le cas
où notre évasion auroit lieu. Je m'arrêtai longtemps à cette dernière idée, et je me proposai de
lui en faire confidence à notre entrevue.

Je me rendis au travail de grand matin, et
ne le quittai qu'au moment du déjeûner; j'allai
chercher mon pain et quelques olives confites à
l'huile, et je pris le chemin qui conduisoit sous
la fenêtre de ma belle; j'y étois déjà attendu.
Après nous être salués l'un et l'autre, elle me
demanda si j'avois deviné ce qu'elle avoit voulu
dire la veille; je la vis sourire, en me disant:
« Répondez-moi, Stéphani, je vous en prie. —
Vous le voulez, eh bien, je vais vous satisfaire,
mais promettez-moi de ne vous point fâcher.

— Non, dit-elle. — J'ai imaginé que, pour faire mon bonheur, vous étiez déterminée à quitter la maison où vous êtes, à me conseiller d'en faire autant, et à choisir avec moi un lieu qui nous garantit de toutes recherches. Vous voyez ma naïveté, c'est votre réponse qui fixera mon sort. — Oui, mon ami, vous mériterez ce nom, en travaillant à l'exécution du dessein que j'ai conçu et que vous avez pénétré. Sans votre déclaration, je ne vous en aurois pas fait part tout de suite, et cela nous eût causé du retard. Actuellement que vous le connoissez, il faut l'accélérer le plus qu'il sera possible. Notre *cojia* doit partir dans huit jours pour deux ou trois mois ; je resterai seule avec ma maîtresse. Nous aurons toutes facilités, et l'argent ne nous manquera pas; si notre projet réussit, j'espère que vous me rendrez heureuse. — N'en doutez pas, tendre amie, je me flatte que notre évasion réussira. — Mon maître, ajouta-t-elle, est obligé de passer tous les ans trois mois à Constantinople, pour faire la cour au grand visir, qui lui a promis l'*agatique* d'Oczakow. L'aga qui y est à présent, va être nommé gouverneur, et mon maître le remplacera. — Eh bien, lui dis-je, mon cœur, tu vois que tout nous sera propice. De mon côté, je suis ami d'un Chrétien grec de cette ville, homme honnête, qui nous sera utile. Je retourne à mon devoir, plein d'espérance et d'amour. Donne-moi ta confiance comme tu as la mienne, et tout ira suivant nos desirs. Adieu, ne m'oublie pas; j'emporte, avec ton image, tant de joie, que je vais reprendre mon ouvrage, et m'y livrer sans dégoût. Adieu, jusqu'à demain ».

Comme je me retirois, elle me rappelle et me dit : « Stéphani, prends ces deux sequins, tu peux en avoir besoin ». Je voulois les refuser, en lui disant que j'avois encore les deux premiers. Je lui dis que je les avois serrés, et que je leur prodiguois mes caresses, en attendant que je pusse les lui prodiguer à elle-même; elle me sourit agréablement et me fit un signe de tête.

J'allai lestement continuer mon travail, je me repaissois d'avance du plaisir de posséder ma divine Turque, et quelquefois les dangers d'une pareille entreprise s'offroient à mon esprit. Si nous avons le malheur d'être arrêtés dans notre fuite, disois-je, que deviendra cette charmante fille? cette action sera un crime impardonnable. Une Musulmane aimer un Chrétien et le suivre ! ce sont-là des forfaits dignes du dernier supplice ! Le sacrifice de ma vie ne m'auroit rien coûté pour sauver la sienne.

Ali bacha, qui avoit été occupé à préparer le souper, vint nous annoncer qu'il falloit se mettre à table. « Ibrahim, ajouta-t-il, achevera le récit de ses aventures, quand le repas sera fini ».

CHAPITRE XLIII.

Ibrahim se concerte avec un Grec pour en-lever sa maîtresse. Elle ne se trouve point au rendez-vous. Cruelle incertitude.

L E vendredi, jour tant desiré, arriva. Je m'habillai le plus proprement qu'il me fut possible, et je courus sous les croisées. Ma maîtresse ouvrit sa petite fenêtre et me dit : « Avez-vous trouvé quelque moyen pour faire réussir notre réunion ? ». Je lui répondis que je ne prévoyois pas que nous eussions beaucoup de difficultés, que j'allois voir l'ami dont je lui avois parlé. « Toute la journée est à moi, lui dis-je ; j'ai demandé la permission de sortir ; elle m'a été accordée, et j'aurai assez de temps pour déterminer cet ami à nous servir ; demain je vous rendrai compte de ce qui aura été convenu entre nous. Adieu, je vous embrasse mille et mille fois ». Je ne fis qu'un saut jus-

qu'à la maison d'*Hianaqui :* je le trouvai triste
ainsi que sa petite famille ; je lui en demandai
le sujet ; il me répondit les larmes aux yeux :
« Nous ne pouvons pas vous donner à dîner aujourd'hui faute d'argent ; nous ne possédons
pas un parat dans notre maison ». — « Eh bien,
mon ami, je viens à votre secours ; prenez ces
deux sequins, et préparez-nous un dîner fru-
gal ; ensuite je vous ferai part de mon projet :
vous jugerez si j'ai songé à vous tirer de la
misère où vous êtes ». *Hianaqui* court à la
provision, et dit à sa femme d'allumer du feu.
Hianaqui revint aussitôt ; son épouse prépara
le dîner, et nous nous mîmes à table. Après le
repas, je dis à *Hianaqui :* « Écoute, mon ami,
je suis au moment de mettre à exécution un
projet important ; je vais t'en faire l'entière confidence. Tu connois *Omar Effendi*, homme
d'une considération reconnue. Sa femme se fait
servir par une jeune esclave de dix-huit ans,
belle comme le jour : depuis quelque temps,
j'ai eu le bonheur de m'entretenir avec elle ;
il m'a paru que je ne lui suis pas indifférent,
puisqu'elle est entièrement décidée à se servir
de moi pour se procurer une liberté qu'elle
n'a pas encore connue. A l'âge de douze ans
elle fut vendue à Osmar ; actuellement qu'elle
est en état de penser, elle veut briser ses chaînes :

je me trouve heureux de pouvoir la seconder.
J'espère, en qualité d'ami, que tu me serviras
dans cette entreprise; tu en seras bien récompensé ».

Hianaqui me promit ses services, en me faisant néanmoins observer tous les dangers qu'il
y avoit à courir, et la punition qui en résul-
teroit pour tous, si nous avions le malheur
d'être découverts. « Il faut donc, me dit-il,
prendre des précautions bien méditées; car il
ne s'agiroit pas ici d'une amende; ce seroient
nos têtes qui en répondroient ».

« Écoute, *Hianaqui,* mon maître doit partir dans quelques jours pour affaire de commerce, et Omar partira également pour bri-
guer la place d'aga d'Oczakow; une fois ab-
sens l'un et l'autre, il sera facile de préparer
notre fuite. Nous enverrons ta femme et tes
deux enfans les premiers, et nous aurons un
bateau tout prêt qui, d'un coup de vent, nous
transportera en Géorgie: *Héraclius* est despote dans son gouvernement, il nous y recevra
sans difficulté; lorsque je lui présenterai cette
belle esclave pour en faire une Chrétienne, il
se fera un plaisir de la nommer sur les fonts
baptismaux, et sa protection nous sera ac-
quise ».

Hianaqui me répondit: « Je n'expose, en

te servant, que ma vie; la misére me la rend insupportable; si je réussis, je trouve une ressource assurée pour ma femme et mes enfans. Que je périsse, pourvu qu'ils vivent ! Compte sur moi ».

Le lendemain, à l'heure ordinaire, je cours, transporté de joie, sous les fenêtres de ma chère esclave. M'y voilà: j'écoute, je tousse, je me mouche; la petite fenêtre ne s'ouvre point. Je ne sais que penser; ma tranquillité m'abandonne, mille craintes s'offrent à mon esprit troublé, tout mon corps frissonne, se glace, une sueur froide coule de mon front, mes jambes fléchissent et je tombe évanoui. Après être resté plus d'une heure sans connoissance, peu-à-peu je repris mes sens, je me relevai avec peine: j'attendis quelque temps encore, mais en vain. Je pris enfin le parti de me traîner jusqu'au jardin, où il me fut impossible de rien faire; mes forces étoient insuffisantes, la bêche me tomboit des mains; j'avois heureusement beaucoup avancé mon ouvrage la surveille: si mon maître fût venu dans ces entrefaites, il n'auroit pu s'apercevoir que je n'avois pas travaillé, mais il se seroit certainement aperçu de mon inquiétude et de mon trouble par la paleur de mon visage. Je passai tout le jour sans prendre de nourriture: j'étois tourmenté par mille chimères; je ne voyois point le but où ce manque de parole pouvoit tendre : en vain je mettois mon imagination à la torture, il n'en résultoit pas le moindre raisonnement fondé. Peut-être, disois-je, est-elle malade, peut-être aussi se moque-t-elle de moi ; sa maîtresse aura eu besoin d'elle ; se seroit-elle aperçu qu'elle parloit par la fenêtre ? l'auroit-elle surveillée ? Je ne savois enfin que penser, qu'imaginer, et chaque heure du jour ajoutoit à ma perplexité et à mes craintes.

CHAPITRE LXIV.

Sages conseils donnés à Ibrahim. Cassette précieuse qui les fait oublier.

JE passai, comme vous devez le croire, une bien triste nuit ; à neuf heures je courus à la petite fenêtre, j'y trouvai la belle esclave qui m'annonça le départ de son maître pour le lendemain ; c'étoient les appréts pour son voyage qui l'avoient empêchée de s'y présenter la veille. Je lui rendis compte de mon entrevue avec le Grec, et je reçus l'ordre de revenir le lendemain.

Quelle différence, mes amis, entre cette journée et la précédente ! Je ne puis vous ex-

primer la joie que j'en ressentis; j'éprouvai que
le passage subit du mal au bien étoit aussi dangereux que celui du bien au mal, et qu'il pouvoit également nuire à la santé.

Mon maître descendit au jardin sur les quatre
heures et me dit: « Brave, brave, Stéphani, je
suis content de toi, et si tu continues avec autant d'exactitude, je te promets ta liberté dans
cinq ans, à compter du jour que je t'ai acheté.
Tu peux être assuré que je tiendrai fidèlement
ma parole : je ferai plus, je dois partir sous
huit jours pour les frontières de la Perse, où
m'appellent les affaires de mon commerce; à
mon retour, je promets de t'y intéresser, et
cela dans l'espérance que l'on ne me fera aucune plainte de toi, que tu seras laborieux à
ton ordinaire, et que tu me seras fidèle. Je te
défends d'entrer dans l'appartement de mes
femmes; la vieille Amurat te donnera ce qui
t'est nécessaire, et tu t'adresseras à elle, lorsque
ton besoin l'exigera. Je recommanderai à Cassan bacha, mon parent et mon ami, de lui
fournir ce qu'elle demandera pour toi. Adieu,
je te laisse et je vais m'occuper à préparer les
marchandises que je dois emporter ».

Je puis vous assurer, mes amis, que cette
annonce me fit le plus grand plaisir; j'aurois
desiré pouvoir communiquer cette heureuse

nouvelle à ma bonne amie, et lui dire que nous touchions au moment de notre bonheur, mais il fallut attendre l'heure ordinaire de notre entrevue. Elle arriva, je courus à la petite fenêtre, et j'y vis cette bonne amie qui s'y présenta avec une petite boîte pleine de bijoux et de cent sequins vénitiens enfermés dans un linge. « Prenez cela, me dit-elle, dépêchez-vous; elle avoit eu le soin de faire d'avance un trou au grillage de sa fenêtre, pour donner passage à la boîte. Je m'emparai donc de ce petit trésor, et je lui rendis compte des propositions que mon maître m'avoit faites, de son prochain départ, enfin de tout ce que j'avois résolu pour notre évasion.

Son maître partit le jour suivant, et le mien une semaine après : ainsi nous fûmes délivrés l'un et l'autre de nos Argus. Il n'y avoit plus que des femmes pour nous surveiller; comme elles ne peuvent sortir ; elles étoient peu à craindre. Ma bonne amie fixa la veille de notre départ elle-même.

Elle avoit de fortes raisons d'y mettre la plus grande célérité ; elle avoit soustrait tous les diamans de caden Omar Effendi, et cette femme, d'un moment à l'autre, pouvoit s'apercevoir du larçin ; elle n'auroit pas manqué d'en accuser son esclave. Notre résolution prise, ma charmante maîtresse m'ordonna de venir le même soir, à la nuit tombante, pour l'aider à s'évader de cette maison, dont elle ne pouvoit sortir que par la croisée.

CHAPITRE XLV.

Enlèvement de l'Esclave musulmane par le Jardinier moscovite. Visite d'un vaisseau turc qui les conduit à Constantinople. Leur emprisonnement aux Sept-Tours. Leur interrogatoire, et leur jugement.

Dès qu'il fut nuit, je courus sous la croisée de ma charmante Musulmane, et quand elle eut mis les pieds hors de la fenêtre, je l'aidai à se glisser jusqu'à ce qu'elle y fût assise; alors je la saisis des deux bras par le milieu du corps, sa tête se pencha sur la mienne, nos bouches s'unirent et nous nous donnâmes avec transport les plus doux baisers; enfin je la mis à terre, et nous prîmes la fuite avec la rapidité de l'éclair. Arrivés chez *Hianaqui*, nous nous enfermons dans un grenier pendant huit jours entiers.

Hianaqui avoit nolisé un bateau grec qui

alloit à Constantinople; notre départ n'étoit retardé que par la violence des vents du nord. Nous avions des provisions pour six personnes; le batelier avoit pris l'expédition de son voyage, mais il n'avoit pas déclaré le nombre des passagers qu'il emmenoit, s'imaginant que nous pourrions relâcher en Géorgie, sans être visités.

A minuit nous portons nos paquets et notre trésor au bateau; le vent étoit très-frais et nous ne mîmes qu'une seule petite voile, crainte de rompre notre mât: enfin nous naviguâmes un jour entier sans être aperçus. Le lendemain nous le fûmes d'un bâtiment turc qui faisoit voile pour la Circassie; il s'avance près de nous, et il ne nous quitte pas de toute la nuit. Le matin il nous crie avec un porte-voix de nous approcher de lui; il fallut obéir; nous avançons.

Hélas! quels pleurs, quels cris, quelles lamentations faisoit la malheureuse esclave! non, il ne m'est pas possible de vous exprimer notre douleur: le batelier, Hianaqul, sa femme, ses deux enfans étoient dans la plus grande consternation, et ma belle esclave vouloit se précipiter dans la mer plutôt que de tomber entre les mains des Turcs.

Le capitaine nous fait monter tous dans son bord; il demande au batelier ses expéditions:

après les avoir examinées, il remarqué qu'il n'y étoit point fait mention des passagers, ce qui lui fit croire qu'ils fuyoient d'Oczakow : il retint le tout, et ordonna sur-le-champ que les hommes fussent mis aux arrêts dans l'entrepont, et les femmes dans la chambre du capitaine.

Comme la Circassie n'est pas éloignée de Constantinople, il eut bientôt fait son voyage; huit jours après, nous fûmes transportés dans la capitale de l'empire. Je ne pouvois voir mon infortunée compagne; le chagrin que me causoit cette privation me faisoit refuser tous les alimens qu'on me présentoit : je pressentois tout ce qui pouvoit m'arriver, et je ne tardai pas à éprouver la cruauté de ces vrais croyans.

Arrivés à notre destination, après avoir traversé le Bosphore, qui sépare la mer Noire de celle de Marmara, nous entrâmes dans le vaste port. On nous traduisit par-devant le grand amiral, qui se nommoit le Capitan-Bacha; il n'eut pas de peine, en nous questionnant, de voir que nous étions des fuyards d'Oczakow. Nous fûmes constitués prisonniers jusqu'à ce qu'on eût reçu des nouvelles du lieu de notre départ. Il se passa quatre mois avant que le grand amiral eût reçu toutes les instructions. Enfin il apprit par l'aga, qui le lui écrivit, que j'étois esclave d'Ameth bacha, que ce dernier étoit en voyage pour ses affaires, et que j'avois enlevé, quoique Chrétien, la fille esclave d'Omar Effendi, actuellement à Constantinople, pour y solliciter la protection du grand-visir.

L'amiral fit chercher par toute la ville Omar Effendi; quelques jours après, il comparut avec nous devant le bacha amiral, qui lui demanda s'il reconnoissoit dans cette malheureuse, son esclave fugitive. Aussitôt qu'Omar Effendi l'eut aperçue, il lui dit : « Comment je te trouve ici! Et qui t'a fait quitter ma maison où tu étois estimée, où rien ne te manquoit »? J'étois plus mort que vif, quand ma généreuse amie, déterminée à mourir, si elle étoit privée de moi, déclara qu'elle-même m'avoit séduit pour me faire embrasser la religion musulmane. Elle parla avec une force, un courage dont l'amour est toujours susceptible. Interrogé si je voulois augmenter le nombre des vrais croyans, je répondis que c'étoit mon intention; alors le capitan bacha dit qu'il n'étoit pas compétent pour juger cette affaire. Il nous fit traduire au tribunal du cadi; celui-ci, après nous avoir interrogés, me demanda lequel je préférois, ou de mourir sous les coups de bâton, ou de me faire Turc. Je répondis que je ne craignois pas la mort, que l'on me la donnât, si l'on jugeoit que je l'eusse méritée; que cependant

mon intention étoit d'embrasser la religion de
Mahomet ; que l'esclave d'Omar Effendi m'a-
voit inspiré du goût pour sa religion, et que
je m'y soumettois, dans l'intention de vivre
avec elle autant qu'il plairoit à Dieu.

Ma maîtresse, qui entendit tout mon discours, parla dans le même sens ; ma cassette
étoit sur le sopha du cadi, elle y avoit été ap-
portée par le capitaine turc, qui nous avoit arrêtés. Je demandai la permission au cadi de
l'ouvrir ; je l'obtins et j'en tirai vingt-cinq sequins, que je lui présentai, en le priant de me
faire circoncire et de m'admettre au nombre
des vrais croyans ; qu'il me tardoit d'être Musulman, et que je ne voulois pas mourir Chrétien.

Il demanda à la jeune esclave s'il étoit vrai
que je n'en avois point imposé dans mes dépo-
sitions ; elle soutint avec fermeté que j'avois dit
la vérité en tout, et qu'elle préféreroit la mort
au chagrin de n'avoir pas réussi à sauver une
ame ; que si on me laissoit la liberté de suivre
l'inclination qu'elle m'avoit suggérée, elle con-
sentiroit à passer le reste de ses jours avec moi.

Le cadi envoya aussitôt un chaour chez le
muphti lui demander son avis, attendu que
c'étoit une affaire de religion. Il fit réponse
au cadi qu'il falloit me faire Musulman et me
donner la fille.

CHAPITRE XLVI.

*Ce qu'il en coûta à Ibrahim pour arriver à
la consommation du mariage.*

Sur la conclusion du muphti, nous fûmes dé-
chargés de toute accusation. On envoya chercher un derviche qui me fit circoncire dans le
moment même, et se chargea de m'instruire.
Le cadi nous maria, et nous sortîmes bien satisfaits. J'allai louer une chambre dans un caravanserai : j'achetai une natte d'osier, un matelas, une couverture, et enfin tout ce qui étoit
nécessaire dans un ménage. Toutes mes emplètes faites, nous nous installâmes ; il fut convenu que ma femme porteroit le nom d'Isoupha caden jusqu'à nouvel ordre. Je vous pro-
teste, mes bons amis, que si je trouvois occasion de retourner dans ma patrie, elle est toute
décidée à m'y suivre, à s'y faire Chrétienne
pour l'amour de moi, comme je me suis fait
Turc pour l'amour d'elle ; mais il faut attendre,
le moment n'est pas encore favorable.

Ali bacha prit la parole, et demanda au jardinier moscovite pourquoi il se trouvoit en ce
moment à Smyrne. Ibrahim lui fit la réponse

suivante : « Vous n'avez pas oublié cette précieuse cassette que ma chère Isoupha caden me
remit, avant notre évasion : elle étoit remplie
de pierres fines et de sequins ; Omar Effendi
nous en fit présent ; c'étoit une récompense que
je lui avois paru mériter, en me faisant Ma-
hométan. Je me suis ensuite associé à un marchand turc de Constantinople, et nous sommes
venus dans cette ville pour y faire une entreprise de commerce ; je dois en partir sous très-
peu de jours, tant il me tarde de retourner
auprès de mon aimable femme, que j'ai laissée
dans le caravanserai, avec une négresse que je
lui ai achetée pour la servir.

» J'ai eu occasion de voir Omar Effendi depuis
mon changement simulé de religion ; il a paru
fort satisfait de me trouver un turban blanc
sur la tête, un cimetère à ma ceinture, parlant avec arrogance aux Chrétiens, et faisant
toutes les singeries du rite turc. Il m'a assuré
qu'Ameth bacha d'Oczakow m'ayoit beaucoup
plaint ; que cependant, puisque je m'étois
donné à Dieu en me faisant Turc, il me laissoit la liberté du meilleur de son cœur.

» Le janissaire aga, instruit de mon aventure,
et sachant en outre que j'étois pourvu du grade
de capitaine, à l'époque où je servois dans les
armées russes, me fit demander si je desirois un

emploi dans les armées ottomanes. Je lui fis dire que je le remerciois de l'honneur qu'il me faisoit; que je renonçois à l'état militaire, dans lequel j'avois été trop malheureux, et que s'il m'arrivoit d'être fait prisonnier de guerre, étant Turc, les Russes ne me feroient pas grace de la vie; que je préférois rester ignoré dans le sein de la Turquie, plutôt que de m'exposer à un tel danger..Je n'ai plus entendu parler de lui».

Ali bacha avoit écouté avec beaucoup d'attention et d'intérêt l'histoire d'Ibrahim. Voyant qu'elle étoit finie: « Je suis, dit-il, on ne peut pas plus sensible à ta complaisance, cher ami: buvons un coup, oublions nos chagrins passés, et occupons-nous, dès ce moment, des moyens de nous soustraire à l'ennui de vivre dans ce pays-ci : le caractère de nos compatriotes ne sympathise pas avec celui des Ottomans ignorans et féroces, qui montrent néanmoins autant et même plus d'orgueil que les nations civilisées et instruites. En vérité, mon ami, si je puis jeter cet indigne turban sous mes pieds, reprendre et porter mon chapeau, je remercierai l'Être suprême d'être délivré des préjugés d'une secte aussi immorale que fanatique ».

Ali bacha prend un verre, le remplit de vin, et le présente à Ibrahim ; quand il eut bu, il lui dit : « Il me paroît que tu es plus éloigné de

revoir notre patrie que tu ne penses ; tu entre-
prends un commerce, ta femme peut devenir
enceinte, te voilà résidant à Constantinople,
et il te sera plus difficile que tu ne crois de
quitter la Turquie.

»Quant à moi, je n'ai point de femme, rien
ne me retient dans ces lieux détestables, j'attends un vaisseau de guerre russe; on m'a assuré qu'il devoit en arriver un pour transporter l'ambassadeur de Russie à Constantinople:
aussitôt qu'il sera arrivé, je le saurai, et je
me rendrai dans la capitale. Je ne craindrai
pas d'être surpris, on ne visite pas les vaisseaux
de guerre, et je passerai sans difficulté de ce
pays-ci dans le mien : mais il se fait tard, il
faut nous séparer. Si ces amis Français trouvent bon qu'avant ton départ et le leur, nous
venions les visiter, j'apporterai de quoi nous
amuser ».

Ali bacha et Ibrahim se levèrent, et après
avoir achevé le vin de la bouteille qui avoit
été remplie quatre fois, ils nous quittèrent. Le
lendemain du Beiram, je fis l'achat de cinquante quintaux de raisin sec à neuf francs le
quintal. Le capitaine Moreau étoit prêt à retourner en France ; je fis mes arrangemens
avec lui pour y retourner.

Un vent de sud-ouest nous força à relâcher

dans l'île de Paros ; nous y séjournâmes pendant huit jours, après lesquels le vent changea. Dès que nous fûmes assurés que le temps étoit favorable, nous appareillâmes et nous nous tîmmes prêts à partir le lendemain.

CHAPITRE XLVII.

Départ de l'île de Paros pour celle de Candie. Caractère des Turcs dans cette île ; ses productions. Arrivée d'un Français à la Canée. Lépreux, soin que les Turcs en prennent.

DÈS qu'il fit jour, nous partîmes avec un petit vent de nord, et nous fîmes route pour aller reconnoître Cerigo. A très-peu de distance de cette petite île, les vents du sud-ouest nous poussèrent avec impétuosité, et une mer extrêmement haute nous força de tenir la cape. Voyant que nous ne pouvions pas résister à la mer, le capitaine Moreau se décida à relâcher à la Canée ; c'est une petite ville très-peuplée de Turcs, qui ne parlent d'autre langue que la grèque : néanmoins les habitans font leurs prières en langue turque. Cette ville est très-commerçante ; elle est gardée par un fort où il y a une forte garnison.

Les Turcs, dans cette ile, sont plus méchans que dans la Romélie et dans l'Asie mineure. Les montagnes de l'ile sont couvertes d'oliviers et de mûriers. Les premiers produisent de l'huile abondamment, et l'on en fait particulièrement usage pour les fabriques de savon : on y fait prodigieusement de soude. Les Marseillais, comme je l'ai déjà dit, s'en servent pour lester leurs bâtimens, et la transportent à Marseille, ainsi que l'huile pour fabriquer les savons.

Les vents du sud-ouest nous retinrent huit jours dans le port : nous employâmes ce temps à visiter les alentours de la ville, et à nous amuser dans les cafés.

Un jour que nous étions, Delaunai et moi, dans un de ces cafés d'où nous voyions arriver les chaloupes de différens bâtimens, il y en eut une qui vint débarquer tout près de nous. Il se trouve dans cette chaloupe un Provençal nommé *Tourcault*, qui prend terre, vient à notre café et nous dit, après nous avoir salués : « Vous êtes Français, messieurs ; je le suis comme vous, et lorsqu'il m'arrive de rencontrer des gens de ma nation, je suis d'une satisfaction que vous auriez peut-être peine à concevoir. Quoique vous me voyiez descendre de cette chaloupe, il est bon de vous dire qu'elle appartient à un bâtiment ragusais. Je me suis embarqué avec lui pour aller où Dieu me conduira : le hazard qui m'a conduit sur ce bâtiment, et de ce bâtiment à la Canée, vous paroîtroit un miracle, si vous étiez informé de mon aventure ».

Delaunai et moi, nous le prions de nous faire la relation de son voyage. « Très-volontiers, nous dit-il; mais j'ai entendu dire que les environs de la Canée étoient charmans; et je serois fort aise de les voir; il n'est pas encore neuf heures; et nous avons assez de temps pour examiner de quelle manière les Turcs de ce pays-ci cultivent les terres et les jardins». Mon camarade et moi, nous acceptâmes la proposition, et nous sortîmes de la ville. Nous vîmes une quantité considérable de mûriers blancs, qui servent à la nourriture des vers à soie. Ces plantations sont d'un grand rapport pour les habitans : elles sont faites sans ordre et même sans art; ces arbres sont plantés çà et là dans les terres, sur les bords des chemins et dans les haies, pêle-mêle avec les grenadiers.

Les terres sont labourées par des bufles, grosse espèce de bœuf; le sol est très-bon : le froment qui s'y récolte est plein de farine; le grain en est très-gros. Les jardins sont tout-à-

fait mal cultivés ; mais la fécondité du sol sup-
plée à l'ignorance et au peu de goût des jardi-
niers. Tout y vient avec profusion, et cette
abondance fait que toutes les denrées se vendent
à vil prix.

En poussant plus loin notre promenade, nous
aperçûmes des cabanes couvertes de paille, et
nous étant approchés, nous rencontrâmes une
foule d'hommes, de femmes et d'enfans, qui
avoient le visage, les mains et les pieds couverts
d'une croûte lépreuse : leur situation affligeante
et digne de compassion nous toucha sensible-
ment. Je ne pus m'empêcher d'admirer en cela
l'humanité des Turcs: la plupart de ces lépreux
sont des Chrétiens grecs, et c'est de la piété des
Turcs, naturellement charitables, qu'ils tirent
leur subsistance. Après leur avoir fait quelques
présens, nous reprîmes le chemin de la ville.

Tourdault nous dit alors : « Messieurs, il faut
à-peu-près une heure pour retourner à la
Canée; ce temps suffit pour vous instruire de
ce qui m'est arrivé depuis mon départ de la
Ciotat, écoutez!

CHAPITRE XLVIII.

Histoire de Tourcault le Provençal. Ses aventures à Cadix. Préservatif excellent pour les navigateurs. Femmes de Cadix.

« Il y a trois ans environ que je m'embarquai sur un vaisseau de Marseille, nommé *le Vainqueur*, du port de 3oo tonneaux, pour aller à la Martinique ; le vaisseau étoit commandé par le capitaine Fougasse : j'y entrai en qualité d'écrivain. Ce capitaine avoit ordre de relâcher à Cadix, pour y prendre des marchandises destinées pour la Martinique. Cadix est une ville que le commerce rend une des plus florissantes de l'Europe. Le port est une rade si étendue, qu'elle pourroit contenir cent vaisseaux de ligne : les petits vaisseaux, comme celui sur lequel j'étois, s'approchent de la ville pour être plus en sûreté.

» Il y avoit trois jours que nous étions arrivés ; le capitaine descendoit chaque jour pour vaquer à ses affaires, et il ne vouloit pas que ses officiers missent le pied dans la ville ; il craignoit pour eux le danger de communiquer avec les femmes de mauvaise vie.

» Le quatrième jour, l'ennui s'empara de moi dans le vaisseau : je voyois toutes les *signora* se promener, un voile sur le visage. Fatigué de les examiner de loin, je me déterminai, à quelque prix que ce fût de les voir de plus près. J'avois dans ma bourse une couple de louis d'or : cette modique somme me donnoit de la présomption, et je croyois pouvoir faire des offres à la plus belle femme d'Espagne. Dans ce moment d'agitation, j'aperçus un bateau pêcheur qui passoit auprès de notre vaisseau ; je l'appelle, il s'approche, et je m'élance dedans. Une fois à terre, j'allois de côté et d'autre ; j'imitois en cela un jeune cheval de treize mois, qui court au galop dans les terres, sans savoir où il va.

» Après avoir parcouru le port, j'entrai dans la ville que j'étois curieux de voir : j'y rencontrai des femmes qui détournoient légèrement le voile qui couvroit leur visage. Que de graces je crus apercevoir, et quel feu couloit dans mes veines ! Je me consume à regarder, à courir ; je succombois d'épuisement, de fatigues, de desirs et d'inanition.

» L'heure du diner étoit déjà passée ; je demandai à un Français qui se promenoit sur le port, où je pourrois trouver une hôtellerie : « Venez avec moi, me dit-il, je vais vous condaire dans celle où je prends habituellement mes repas ». Je le suivis, et en chemin je lui dis : « Les déesses sont-elles communes ici ? — «Oui, me répondit-il, on en trouve de toutes les nations, mais il faut bien les connoître, si on veut s'épargner le repentir de les avoir connues.

» Nous entrons dans l'auberge et nous dinons; la table étoit proche d'une fenêtre, et vis-à-vis j'aperçois une femme espagnole, belle, au moins je le croyois. Mes yeux ne la quittèrent plus, et je fus ivre, du moment qu'elle se mit à me sourire avec l'air d'une femme qui cherche à plaire. Je remplis mon verre, je lui fais signe que je bois à sa santé : autre sourire qui m'enchante. Je demande au Français s'il permet que je l'invite à venir prendre un verre de liqueur avec nous : il y consent. Nouveau signe de ma part; elle se refuse à mon invitation, et m'engage, par un autre signe, à monter chez elle. J'y vole et je lui fais mon compliment.

» Dona Poniatella entendoit le français, et mieux encore ses intérêts. Dans le cours de mes visites, elle sut que je n'avois que trois jours à rester à Cadix, qu'après trois jours elle n'avoit plus rien à espérer de moi, en sorte qu'elle exigea que je les passerois avec elle. J'y aurois passé un siècle, si j'en avois cru mes premiers transports; mais après la première nuit, je comptai avec moi, et de tous mes louis, à peine me restoit-il de quoi regagner le vaisseau. Je lui promis de revenir avec de nouveaux fonds; elle accepta ma promesse, mais il me fut impossible de la lui tenir, et vous allez voir ce qui m'en empêcha.

» En qualité d'écrivain du vaisseau, j'avois un devoir à remplir, et mon capitaine avoit besoin de moi. J'avois donc tout lieu de craindre que ma conduite indiscrète ne me fît renvoyer: ma crainte étoit si bien fondée, que sur le midi j'allai sur le port pour voir si je n'y rencontrerois pas quelqu'un de nos gens. Le premier qui s'offrit à ma vue fut M. Fougasse, notre capitaine, qui m'adressa la parole et me dit: « Je croyois, Monsieur, que vous m'étiez subordonné et que vous deviez vous croire obligé de me demander si je voulois vous permettre d'aller à terre, avant d'en prendre la licence. J'ai été obligé de faire faire votre devoir par un homme qui remplira cette fonction mieux que vous ne l'avez fait: puisque la terre vous plaît, vous pouvez y demeurer; je rendrai compte de votre conduite à ceux qui en doivent connoître. Vous avez reçu, d'avance, deux mois de vos appointemens, je pense bien que vous les avez dépensés, mais je saurai les retrouver dans le temps où vous y penserez le moins. Vos hardes, votre transpontin, tout est débarqué, et celui qui vous remplace est à bord : j'espère qu'il sera plus exact que vous. Une autre fois, lorsque vous occuperez une place dans un navire, je vous exhorte à la mieux remplir ». En disant ces mots, il me quitte et me laisse à de sérieuses réflexions.

CHAPITRE XLIX.

Continuation des Aventures de Tourcault, son esclavage. Ses amours chez le Bey de Tripoli.

JE restai interdit, stupéfait ; je me dis à moi-même : que vais-je devenir dans un pays inconnu, sans argent, ou du moins n'en possédant guère ? Je me désespérois, pestant contre dona Poniatella et contre ses pareilles ; mais toute cette agitation étoit en pure perte.

Je trouvai des Auvergnats qui résidoient à Cadix, que le travail et l'intérêt avoient amenés dans cette ville ; je demande à l'un d'eux s'il ne pourroit pas m'indiquer un gîte à bon marché. « Il suffit que vous soyez Français, me répondit-il, pour que je m'intéresse à vous;

amusez-vous dans ce café à fumer une pipe; ma journée sera bientôt finie, et dès qu'elle le sera, je viendrai vous prendre et je vous conduirai où je demeure : je vous y ferai donner un lit ; et vous l'aurez à bon compte ». Je me félicitai, dans ma position critique, d'avoir trouvé cet honnête homme ; il vint effectivement me chercher le soir et me conduisit dans une auberge où couchoient beaucoup d'Auvergnats.

Le lendemain je courus les cafés où vont les marins, pour m'informer s'il n'y auroit pas quelques capitaines qui eussent besoin d'un homme, soit pour pilote, soit pour second, soit même pour écrivain. Tous me répondoient qu'ils avoient leurs officiers, et qu'ils n'avoient point de place à donner ; ils me questionnoient sur le motif qui m'avoit fait quitter mon capitaine, et j'étois bien embarrassé pour répondre. S'apercevant que je balbutiois, je ne leur inspirois point de confiance, et ils refusoient mes services. Après cinq jours, néanmoins, je trouvai un brigantin espagnol, qui recrutoit autant d'hommes qu'il pouvoit en trouver : il devoit partir sous trois jours, et il m'engagea pour contre-maître de son équipage, qui étoit composé de quarante hommes, et six pièces de canon de six livres. Il me paya deux mois d'avance, comme il est d'usage, et j'allai comp-

ter avec mon hôte. A peine eus-je assez pour
m'acquitter et enlever mes hardes : tout est d'un
si haut prix à Cadix ! Je retirai cependant mes
effets et les fis transporter à bord du brigantin :
je me gardai bien, pour cette fois, d'aller faire
mes adieux à Dona Poniatella.

Lorsque nous fûmes à la voile, on nous annonça que nous allions croiser sur la côte d'A-
frique, et donner là chasse à des felouques
barbaresques qui ravageoient les côtes d'Espagne, qui y faisoient des descentes, enlevoient
des familles entières et les conduisoient à Tripoli en Barbarie, où on les faisoit esclaves. Jugez, Messieurs, quel fut mon mécontentement,
de voir ma liberté compromise, surtout me
trouvant sur un bâtiment si foible. Tant officiers que matelots, nous n'étions pas cinquante
hommes : le moindre corsaire algérien pouvoit
nous enlever sans qu'il nous fût possible de lui
opposer la moindre résistance.

Après trois jours de croisière, nous décou-
vrîmes, au lieu de felouques, deux chebecs tripolins qui nous donnèrent la chasse pendant un
jour et une nuit. Les vents du sud-ouest étoient
si violens, qu'ils nous firent courir jusqu'à l'île
de Pentelarie qui appartient au roi de Naples.
Comme ce royaume est en guerre avec toutes
les régences de Barbarie, tous nos efforts pour

nous y retirer, furent inutiles : les chebecs, qui
étoient près de nous, nous poursuivirent jusque dans le port qui étoit mal gardé. Le fort de
l'île nous défendit; nous-mêmes, pour éviter
l'esclavage, nous nous battimes pendant plus
de deux heures. Les Arabes voyant notre acbar-
nement, vinrent à l'abordage, dans le moment
où nous allions entrer dans le port : il fallut cé-
der à la force et nous rendre à discrétion. Nous
voilà conduits à Tripoli et mis en vente, après
avoir été présentés au bey qui en choisit cinq
parmi nous. Le hasard voulut que je fusse de ce
nombre, et sur-le-champ je fus employé aux
travaux pénibles de máconnerie. Le bey apprit
que j'étois français; il me fit venir devant lui et
demanda comment je me trouvois sur un báti-
ment ennemi, attendu qu'il étoit en paix avec la
France et que je n'aurois pas dû servir en Espagne avec qni il étoit en guerre.

Je lui répondis que m'étant trouvé à Cadix,
dépouillé d'un emploi d'écrivain que je remplis-
sois sur un vaisseau, le besoin d'une place m'a-
voit déterminé à monter sur le brigantin espagnol, que mon intention étoit de m'en échapper aussitôt que j'approcherois des côtes de la
Provence, et de rentrer dans ma patrie, mais
que jamais ma volonté n'avoit été de faire du
mal aux Tripolins.

Le bey me répliqua : « Je veux te croire, et par la considération que j'ai pour les Français, persuadé aussi que tu me dis la vérité, tu seras bien traité auprès de moi : je te fais en conséquence gardien de mes jardins; tu veilleras à ce que personne n'y entre, excepté mes femmes et leurs eunuques: tu auras en outre la liberté de te promener deux jours par semaine dans Tripoli, sans que personne puisse t'inquiéter, et cela à ma considération ».

J'avois un peu de peine à comprendre son langage, parce qu'il parloit assez mal le petit franc, qui est usité dans toute la côte de la Barbarie méditerranée. Il me fit conduire à mon poste où étant arrivé, on me désigna mon logement à la porte des jardins. Peu de temps après ma mise en possession de mon nouvel emploi, il me prit fantaisie de faire une visite des jardins du bey, par curiosité plutôt que pour remplir mon devoir. Après les avoir bien parcourus, je n'y trouvai rien de surprenant que de m'y voir; j'y remarquai tout ce qu'il pouvoit y avoir de curieux, mais sans art et sans aucun ordre; c'étoit un jardin champêtre, et non un parterre symmétrisé.

Ma première sortie fut pour aller à la maison du consul français à qui je racontai mes malheurs. Après m'avoir écouté, il me dit que

j'étois un étourdi, que ma conduite inconsé-
quente seule m'avoit réduit à l'esclavage; qu'il
ne pouvoit que me plaindre et qu'il n'avoit pas
le pouvoir de me soulager : il me conseilla d'a-
gir avec beaucoup de prudence et me recommanda surtout la sagesse : il m'assura que si le
bey me prenoit en faveur, non seulement je
pourrois par la suite obtenir ma liberté, mais
encore faire ma fortune. « J'ai déjà vu, me
dit-il, pareil exemple, et vous devez vous trouver très-heureux que le bey vous ait conservé
auprès de lui. Soyez de la circonspection la
plus réservée avec les femmes; si vous écoutez votre penchant pour elles, vous vous expose-
rez aux plus grands dangers. Les Arabes, dans
ce pays-ci, ont un caractère tout-à-fait différent
de celui des Turcs qui sont sous la domination
du grand-seigneur. Ces derniers sont justes entr'eux, humains envers les pauvres, hospita-
liers envers les étrangers; ils sont à la vérité fanatiques dans leurs préjugés, superstitieux à
outrance, élevés dans la plus grande ignorance,
ne songeant pas à s'instruire, et cela parce qu'ils
suivent religieusement les principes de leur
Alcoran. Mais les Arabes au contraire sont
méchans, vindicatifs, injustes, voleurs, arro-
gans, impérieux ; ils regardent les chrétiens
comme des bêtes de somme, ils les insultent,

les maltraitent et croyent avoir toujours raison, parce que leur religion les autorise à faire tout le mal possible aux chrétiens. Je vous donne ces avis, me dit le consul, afin que vous vous teniez sur vos gardes : n'ayez jamais, croyez-moi, de différens avec eux ; quelques bonnes raisons que vous puissiez avoir, vous seriez encore blâmé ; il s'ensuivroit que vous perdriez l'estime du bey et on vous relégueroit aux travaux pénibles ».

Je remerciai bien cordialement le consul et lui demandai l'honneur de sa protection. « Elle ne peut, me répondit-il, vous être d'aucune utilité ; vous êtes esclave, et je vous dis, encore une fois, que ce sera la manière seule de vous conduire qui vous méritera celle qui est la plus puissante en ce pays, celle du bey ; mais si vous avez le malheur de lui déplaire, il vous traitera cruellement et suivra en cela le caractère des Arabes : observez-vous donc bien ; je souhaite que mon exhortation vous soit avantageuse ».

Après l'avoir quitté, je retournai à mon poste ; les sages avis du consul sortirent bientôt de ma mémoire ; si je les avois suivis ponctuellement, si j'avois eu un peu plus de prudence et de modération, j'aurois évité les dangers que j'ai courus et les accidens qui me sont arrivés : ils sont de nature à vous étonner.

Après deux mois de résidence au service du bey , et m'étant toujours bien comporté, voici le premier événement qui m'arriva. Une femme arabe passoit communément devant la porte du jardin pour aller au bain ou à la mosquée; elle savoit que j'étois seul dans ma loge : je paroissois lui plaire. Je suis jeune, comme vous voyez, je l'étois plus encore, et la bonne nourriture, la tranquillité, le bien-être dont je jouissois m'avoient donné un embonpoint que je n'ai plus. Cette femme étoit de mon âge, jolie, cependant très-brune, couleur ordinaire des Arabes. Toutes les fois qu'elle passoit, elle me disoit : *bon jour*. Je ne lui répondis rien les premières fois; mais, à la fin, tourmenté, je ne sais par quel démon, je lui répondis en petit franc : *bona journa*. Au sortir du bain elle me répéta : bon jour mon cœur, et j'osai lui répondre de même.

Quelques jours après, en passant tout près de moi, elle souleva son voile, et souriant d'un air affable, elle répéta la salutation ordinaire. Je compris fort bien dans ce moment, que cette femme avoit envie de faire ma connoissance. Cette idée me plongea dans un abime de réflexions et dans la plus étrange perplexité. J'entrevoyois tous les inconvéniens fâcheux qui pouvoient résulter de mon imprudence, si je hazardois de la faire entrer dans ma loge.

Je la revis de nouveau, toujours s'approchant de ma loge et se découvrant le visage. Je lui fis signe de la tête que je ne voulois pas me laisser tenter : alors elle suivit son chemin sans rien dire, et je restai huit jours entiers sans la voir. Mon inflexibilité ne fut pas de longue durée ; j'étois déjà inquiet de ne plus la revoir ; je craignois même de l'avoir outragée, lorsqu'un jour je la vis venir. Quand elle fut tout auprès de moi, je ne pus m'empêcher de lui dire en arabe : *Talé caleby*. Je m'étois fait expliquer ce mot, et l'on m'apprit qu'il signifioit, *viens, mon cœur*. Elle feignit ne m'avoir point entendu, et suivit son chemin. Je ne pus concevoir cette indifférence de la part d'une femme qui avoit fait les premières attaques, et je me renfermai dans ma loge, bien chagrin. Je me disois que j'avois eu trop de crainte et trop tardé à l'écouter, qu'elle avoit pris mon refus pour un mépris ; enfin, je ne savois au juste que penser. Je résolus cependant de l'appeler la première fois qu'elle passeroit : l'occasion s'en présenta quinze jours après. Je la vis venir de loin ; je me mis sur mes gardes pour l'attendre : j'examinois si personne ne pouvoit nous apercevoir : il y alloit de ma vie. Personne au monde, ni en haut, ni en bas, ni devant ni derrière : je l'appelle en tremblant : sur-le-champ elle se re-

tourna pour observer s'il ne se trouvoit pas
quelqu'un qui pût la voir; elle entra, mais tremblante, dans ma loge: aussitôt qu'elle y fut, je
la pris par la main et la conduisis dans le fond
de mon réduit: là je lui fis signe de s'asseoir
sur ma natte.

Je cours fermer ma porte et je reviens me
placer à côté d'elle. Nos yeux, nos mains, nos
lèvres parlèrent pour nous; elle ne savoit que
quelques mots de la langue franque et je n'en
savois pas un d'arabe; mais, comme on dit,
l'amour a plus d'un langage; nous nous dîmes
mille choses tendres, et notre entretien muet
dura deux heures. Craignant d'être surpris, je
me lève et je l'aide à se lever elle-même pour la
conduire du côté de la porte, et je ne pus lui
dire en arabe que le mot *saba*, qui veut dire,
à demain.

Une fois qu'elle fut sortie, j'en ressentis une
joie aussi vive que celle que j'avois éprouvée
lorsque j'étois enfermé avec elle.

CHAPITRE L.

Piége tendu par le Bey à l'esclave provençal.
Récompense qu'il reçoit de sa fidélité.
Usage qu'il fait de son premier sequin.
Conseils d'un esclave espagnol. Itérative
conversation avec la jeune Arabe.

QUELQUES jours après, j'entends frapper à
ma porte; j'ouvre; un officier me demande à
entrer dans le jardin pour s'y promener; je le
refusai net : il me dit qu'il y entreroit de force,
et que si je voulois opposer de la résistance, il
étoit disposé à me couper le cou; qu'il tueroit
un chien de chrétien, et que le prophète Mahomet lui en sauroit gré.

Je suis prêt à mourir lui répondis-je; si vous
trouvez quelque plaisir à m'ôter la vie; mais je
veux et je dois exécuter les ordres de mon maître. Il m'est défendu de laisser entrer qui que ce
soit dans le jardin, sous peine de mort; si je dois
courir le même danger des deux côtés, j'aime
mieux mourir en lui obéissant, que pour avoir
manqué de lui obéir.

« Eh bien! je te fais grace de la vie pour le
moment; mais ressouviens - toi que tu me le

paieras dans un instant où tu y penseras le moins». Ce quesenador, qui avoit été envoyé pour m'éprouver, alla rendre compte de ma conduite au bey : il m'envoya chercher. Lorsque je fus en sa présence, il me demanda comment je m'appelois; je me donnai le premier nom qui me vint à l'esprit : ce fut celui d'Antoni. «Eh bien! Antoni, me dit-il, je suis content de toi, continue d'exécuter mes ordres, je te récompenserai par la suite ; j'exige de toi, que chaque jour, matin et soir, tu fasses le tour de mes jardins et que tu observes exactement s'il ne s'y trouve personne de caché dans mes bosquets. Je te ferai donner des armes, et si tu rencontres quelqu'un, tu lui ordonneras de te suivre et tu le conduiras devant moi; s'il fait résistance ou qu'il veuille fuir, je te donne permission de tirer sur lui; il ne te seras rien fait. Tu peux te retirer; prends ce *baehi,* et tu boiras le café à mon intention ». J'ouvre ma main en me retirant, et je vis qu'il m'avoit donné un sequin. Les sequins de Barbarie sont aussi bons que les vénitiens; l'or en est aussi pur, et ils ont la même valeur.

Rentré dans ma loge, combien je me félicitai de ne m'être pas laissé fléchir par le quesenador! il y avoit si longtemps que je n'avois vu d'argent ! J'allai au bagne pour y voir les esclaves : après les avoir considérés, je reconnus un Espagnol qui avoit été fait esclave avec moi et qui n'avoit pas eu le bonheur d'être du nombre de ceux choisis par le bey. Je lui demandai ce qu'ils étoient devenus : il me répondit qu'ils avoient été vendus la plupart à des Arabes de la campagne. Je lui demandai en outre s'ils étoient menés rudement, bien ou mal nourris ; il me dit qu'ils étoient traités comme des nègres et très-mal nourris.

Il y avoit si longtemps que je n'avois bu de vin, que je fis à cet esclave la proposition d'aller en chercher deux bouteilles que nous bûmes ensemble ; il nous parut excellent. Ce malheureux ne voyoit aucune espérance de se sauver ; il étoit, ainsi que les autres, bien surveillé ; il me félicitoit sur mon sort et me disoit : « que vous êtes heureux ! vous avez pour ainsi dire la liberté, vous pouvez fuir si vous en trouvez la moindre occasion, et si j'avois votre place, je ne serois pas ici dans vingt-quatre heures».

—J'ai, lui répondis-je, la liberté de me promener dans la ville ; mais je ne hazarderois jamais d'en sortir ; une pareille imprudence ne trouveroit nulle grace auprès du bey ; il me feroit enfermer comme vous l'êtes, et je perdrois sa confiance et mon poste ».

L'Espagnol me répondit en souriant : Que tu

es novice, mon bon ami, on voit bien que l'industrie ne t'est pas encore familière; si j'avois
ta place, je voudrois m'échapper et entreprendre ma route au moment qui me paroîtroit le
plus convenable. Je ferois un petit bissac dans
lequel je mettrois une provision de pain pour
une journée seulement. Tu sais ou tu dois savoir que les Arabes, de même que les Turcs,
ne se trouvent presque jamais sur les routes: tu
as l'avantage de n'être point enfermé, tout le
jardin est à ta disposition, les murs du fond des
jardins sont très-éloignés du palais du bey;
tu peux donc facilement, à la faveur de
la nuit tombante, escalader un de ces murs et
prendre, non pas le chemin qui va à Tunis,
mais celui de Binzague, petite principauté dans
laquelle on se trouve après qu'on a fait le tour
du golphe de Sidra : mais rase-toi la moustache; si par malheur tu te trouves arrêté, tu di-
ras que tu es Français, que le vaisseau sur lequel tu étois a fait naufrage en allant à Alexandrie. Cette ville, comme tu le sais, est en Egypte
et confine avec la principauté de Binzague: or
je te préviens que les habitans de ce pays-là ont
les mêmes mœurs que les Egyptiens, et que tu
pourras te faire entendre d'eux, parce qu'ils savent presque tous le petit franc.

« Voilà ce que je ferois si j'étois à ta place, et

ce que je ferai peut-être si j'ai le bonheur de ga-
guer un peu d'argent et de trouver jour à m'é-
chapper. Un soir que mes surveillans seront
inattentifs, car ils n'ont pas constamment les
yeux tournés sur nous, je trouverai peut-être
le moyen de limer mes chaînes. Quant à toi, tu
n'as pas toutes ces difficultés à vaincre; tu es
libre, tu as de l'argent, on ne te surveille pas ;
et tu es encore ici ? qu'y fais-tu donc ? il y a à
présumer que tu t'y trouves bien, ou que tu
méprises ta liberté ».

« Ton projet me paroît beau, lui dis-je, mais
très-difficile à exécuter. Je ne prévois pas que
j'aie jamais la hardiesse d'entreprendre une pareille évasion. La peur seule me feroit arrêter
par le premier Arabe que je rencontrerois sur
la route : il n'auroit pas de peine à me faire tout
avouer, je ne saurois feindre, et fût-il seul, il
me ramèneroit à Tripoli. Tu connois de quelle
manière ils traitent les Chrétiens, et en cela ils
n'ont pas plus d'égard pour les Français que pour
d'autres peuples de la même religion leur turban sur l'oreille, le cimetère et les pistolets au
côté, ils en imposent, surtout sur leur terrein ».

L'Espagnol me dit :«Comme je ne te vois pas
assez de résolution pour tenter cette entreprise,
prends ce que je t'ai dit pour une bonne volonté
de ma part, et n'en parlons plus ; je te demande

seulement beaucoup de discrétion, et te prie de
ne rien répéter de notre entretien, car si tu avois
la foiblesse de me trahir, tu causerois ma perte
sans avancer la moindre chose pour ton bonheur »:

Je le rassurai et lui promis bien qu'il n'en seroit jamais question. Comme mon intention
étoit de profiter de l'avis et de l'instruction que
je venois de recevoir de lui, j'affectai par prudence beaucoup d'éloignement à suivre le conseil qu'il me donnoit : je voulois lui laisser entièrement ignorer qu'il entroit dans mes vues,
dans la crainte d'être la victime d'une trahison
de sa part. Je ne me reposois pas beaucoup sur
sa fidélité : qui sait si, pour faire sa cour aux
Arabes, et par-là s'attirer quelques graces, il
ne leur auroit pas découvert mon projet? le
meilleur, dis-je, est celui qu'on ne communique
à personne. Je fis plus, pour écarter tout soupçon,
je lui dis que le bey m'avoit promis sa protection, et qu'après un laps de temps, il devoit me
rendre la liberté, qu'il m'en avoit donné l'assu-
rance, que peut-être même il feroit ma fortune.
Je n'oubliai rien, enfin, pour lui persuader que
je n'avois nulle intention de m'évader.

Le lendemain, la femme arabe se présenta
vivement à mon imagination: puisque je devois
bientôt mettre la mer entr'elle et moi, je hasar-

dai encore de la recevoir avant de tenter mon évasion. J'y pensois, quand je la vis venir de loin, et je me préparai à la recevoir; elle ne se fit pas prier pour entrer : nous reprîmes notre conversation muète , et ne la cessâmes que moyennant la promesse réciproque de la recommencer le lendemain.

CHAPITRE LI.

Présent que le Bey fait au Provençal. Ce prince vient dans ses jardins avec une suite nombreuse de seigneurs et d'officiers. Luxe de cette cour. Repas champêtre que le Bey donne à ses femmes. Quelles en furent les suites pour Tourcault.

HUIT ou dix jours après, le bey me fit dire qu'il viendroit le lendemain se promener dans les jardins avec ses femmes, que j'eusse à me costumer le mieux possible ; à cet effet, il me fit donner une culotte large de drap bleu , une paire de pistolets, un cimetère et un *fes* (1)

(1) Un *Fes* est un petit bonnet rouge fabriqué à Salé ou à Maroc.

rouge. Le bey étoit monté sur un superbe cheval arabe, panaché et harnaché richement; une vingtaine d'officiers et de seigneurs le suivoient, tous montés sur des chevaux de prix. Le bey faisoit caracoler le sien; je ne cessois d'admirer l'élégance des Arabes dans leurs vêtemens et la richesse des harnois de leurs chevaux, les meilleurs, sans contredit, qui soient dans le pays. Il y en a qui courent la poste douze heures de suite sans débrider.

Lorsque le bey eut mis pied à terre avec sa suite, je vis arriver une vingtaine de femmes couvertes d'un voile et très-richement habillées. Les officiers attendirent que les femmes fussent toutes entrées dans le jardin; alors elles firent un cercle autour du bey, et s'enfoncèrent avec lui dans le jardin, où je les entendois rire et folâtrer ensemble.

Quant aux officiers, ils prirent la gauche du jardin, évitant avec soin la rencontre du bey; ce qui prouve que les Turcs ne permettent point de familiarité à leurs femmes avec d'autres hommes, et, ce qui est plus étonnant, qu'ils ne cherchent à faire la cour qu'à celles qui leur appartiennent.

Après deux heures de promenade, je vis arriver plus de cinquante domestiques arabes; les uns portoient deux riches tentes toutes galon-

nées, faites avec de la toile des Indes superbe.
En moins d'un quart d'heure, elles furent dres-
sées, l'une à droite du jardin et l'autre à gauche,
mais éloignées l'une de l'autre. On étendit sous
ces deux tentes des tapis de Turquie d'un haut
prix, et pardessus on dressa des tables de cuivre
proprement étamées : ces tables faites en forme
de plats, furent bientôt couvertes de mets divers : avant d'y toucher, les Arabes firent une
ablution suivie de la prière. Leur genre de dévotion est singulièrement ridicule par les contorsions et les grimaces qu'ils font en priant
Dieu. Ils se plaçoient tantôt assis sur leurs talons, tous à-la-fois, et dans le même instant,
tantôt ils tournoient la tête à droite ou à gauche,
mais toujours ensemble : ils se levoient debout,
puis se rasseyoient, et finissoient enfin par une
ablution sèche, en formant un creux avec leurs
deux mains, mais sans rien mettre dedans, et
s'en frottoient ensuite le visage du haut en bas;
après cela ils reprirent leurs babouches.

Le bey dîna sous la tente à droite avec les
caden, et les seigneurs sous celle à gauche. Après
le lavement des mains on continua la promenade; les domestiques levèrent le couvert, m'apportèrent une partie des débris du dîner, et s'ar-
rangèrent du reste.

Le bey et les seigneurs de sa suite ayant fini leur promenade, firent avertir les piqueurs d'apprêter leurs chevaux : les piqueurs les avoient promenés pendant tout ce temps; c'est l'usage en Arabie et en Turquie de promener les chevaux, lorsqu'on s'en est servi.

Cette troupe brillante, en sortant du jardin, jette en passant un coup-d'œil sur moi : le bey me fit observer, en leur parlant en langue arabe; je n'entendois rien, et ne pouvois savoir ce qu'ils disoient : l'un d'entr'eux avoit été en France. Il m'adressa la parole en me présentant un sequin, et me disant en petit franc : *Tu es Français?* Je lui répondis : *Si signor.* Il ajouta : « Prends cela, c'est pour boire »; à ce pour boire, je reconnus qu'il avoit été en France. Son exemple fut suivi par les autres seigneurs ; chacun d'eux me donna un sequin. Le bey avec ses femmes passa le dernier ; s'étant aperçu que j'avois tendu la main pour recevoir, il me demanda si l'on m'avoit fait quelque générosité ; je lui répondis : « Oui, mon sultan, on m'a donné plus que je ne mérite ». Il chercha dans sa bourse, et me donna trois sequins. Les femmes paroissoient en vouloir faire autant ; mais elles craignirent sans doute les reproches du bey ; d'ailleurs, ce n'est point leurs sequins que j'aurois

desirés. Le bey et les seigneurs montèrent à
cheval, quoiqu'ils n'eussent que deux cents pas
à faire du jardin au palais; mais c'est l'usage des
riches de n'aller presque jamais à pied.

CHAPITRE LII.

*Évasion nocturne du Provençal. Moyens
dont il pourvoit à sa sûreté. Dangers qu'il
court sur la côte. Il est sauvé et volé par
des pirates.*

LORSQUE je me vis seul, avec des provisions
pour trois jours, ma poche garnie d'or, je me
dis : Quelle servitude peut être plus douce ?
Mais la servitude la plus douce ne vaut pas la
liberté, quoi qu'elle puisse coûter. Resterai-je
esclave des bontés d'un bey, moi-même épris
des charmes d'une autre esclave ? Non, je par-
tirai, et le projet en fut arrêté. Je fais un petit
bissac, dans lequel je mets tout le pain qu'il peut
contenir ; je quitte l'habit turc pour reprendre
mes habits français, je me rase la moustache,
et j'attends que la nuit soit un peu obscure.

J'avois prévenu au château que j'avois de la
nourriture pour trois jours au moins, qu'il seroit inutile de m'en apporter, parce qu'elle sa

trouveroit gâtée par la chaleur. Toutes mes précautions prises, muni de mon bissac, je courus au fond du jardin, je franchis le mur, et
me voilà parti. Avant qu'il ne fût six heures,
j'avois fait dix lieues sur la route de Bingaze;
j'aperçois un petit bouquet de palmiers, d'orangers, de grenadiers : je m'approche de ce petit
bois; il étoit si touffu, que la terre étoit jon-
chée de plus d'un pied de feuilles, tant sèches
que vertes. Je les mets toutes en tas, dans le
dessein de m'y cacher, si dans le jour quelque
Arabe paroissoit.

Pour épargner mon pain, je mis à contribution le fruit délicieux du palmier et de l'o-
ranger, plus exquis même que dans l'île de
Malte. Les Arabes, sévères observateurs de la
loi de Mahomet, avoient, heureusement pour
moi, fait construire une fontaine auprès du
petit bois, j'étanchai ma soif. Il étoit près de
neuf heures, quand je quittai cet endroit pour
continuer ma route, après avoir ramassé autant
de dattes que mon bissac pouvoit en contenir
avec mon pain. Les chemins étoient beaux, je
fis cette nuit onze lieues, et je marchai toujours
jusqu'à ce que je me trouvai au pied d'un petit
monticule garni d'oliviers plantés presque les
uns sur les autres. Ho ! voici, dis-je, ce qu'il me
faut pour me reposer et passer la journée. J'exa-

minai le lieu où je pouvois mieux me cacher ;
je me logeai, tapi comme un lapin qui craint
jusqu'au moindre bruit : mon bissac me fournit
le pain ; je ramassai des olives noires, confites
au soleil : excellentes provisions ! quelle heureuse ressource, et quel appétit !

Le soir arriva, et je partis de nouveau pour
marcher encore toute la nuit : j'arrive enfin au
golfe de Sidrac, où il y avoit une petite rade.
Je m'en approche en suivant le bord de la mer ;
tout-à-coup j'aperçois une barque de plusieurs
hommes, qui me paroissoient des mariniers levan-
tins ; je double le pas, et lorsque je crois trouver
mon salut en approchant de la barque, un coup
de fusil part ; la balle siffle, et traverse mon
gilet sans me blesser. Jugez quelle fut ma surprise, de quelle crainte je fus frappé ! Craignant
un second coup de carabine, je me jette ventre
à terre ; on me croit mort, on débarque pour
me reconnoître : on me demande en petit franc
qui j'étois et où j'allois. Je répondis : « Je suis
Français, mon bâtiment a été submergé à quelques distances d'ici, et je me suis lancé à la mer ;
j'ai nagé un jour et une nuit entiers, et j'ai été
assez heureux pour gagner la terre. Je vais à
présent le long de la côte d'Afrique, jusqu'à ce
que j'aie le bonheur de trouver, soit un bâti-

ment, soit un bateau tel que le vôtre, qui veuille me prendre pour me mettre dans quelque port du Levant où je pourrai trouver des gens de ma nation ».

L'un de ces matelots me dit : « As-tu de l'argent ? nous allons le savoir, tu vas être fouillé ». — « Hélas ! mes amis, leur répondis-je, j'ai quelques sequins, et je n'en possède pas davantage ; vous pouvez disposer de la moitié, en me laissant l'autre au moins pour me procurer des subsistances, jusqu'à ce que je sois dans un lieu de sûreté». L'un d'eux me répliqua:« Tu n'auras pas besoin d'argent, tu vas nous suivre, et si tu veux faire comme nous, tu auras ton bénéfice comme les autres. Dépêche-toi, viens t'embarquer ». Je pris le parti de les suivre, et par les demandes qu'ils me firent, je jugeai que j'étois avec des pirates.

C'étoient des Dulciniotes, peuple qui habite une petite contrée auprès de la mer Adriatique, entre la république de Raguse et l'Esclavonie, peu éloignée de Corfou et de Céphalonie. Les Dulciniotes sont presque tous voleurs, pirates et de mauvaise foi. Leur pays est un mélange de Turcs, de Grecs et d'autres sectes.

La barque attendit que les courans du golfe de Sidrac fussent retirés ; elle mit une seule

grande voile au vent, et fendit la mer avec tant
de vîtesse, qu'elle fit en peu de temps beaucoup
de chemin. Après avoir quitté entièrement la
terre, nous aperçûmes au large un vaisseau qui
faisoit route du côté du Ponent. Quelle délicieuse
proie pour des pirates, qui se flattoient de le
prendre à l'abordage ! Ce vaisseau, malheureu-
sement, étoit plus fort qu'ils ne se l'étoient per-
suadés ; il étoit muni de canons, et portoit un
grand nombre d'hommes : n'ayant pas le courage de lui livrer combat, ils changèrent de
route, et se décidèrent à rentrer dans leur pays.

Il leur fallut quatre jours pour arriver à
l'entrée du golfe Adriatique : ayant aperçu auprès de Raguse, un bâtiment de cette nation qui
sortoit du port, ils m'enlevèrent tous les sequins
qui me restoient de Tripoli, et me mirent à bord
du vaisseau ragusais qui m'a conduit dans ce
port. Le capitaine que vous venez de voir, est
allé chez le consul français, lui raconter mon
malheur et me demander le prix de mon passage
en se faisant un mérite de m'avoir retiré des
mains de ces pirates. Voilà, mes chers amis,
mes aventures, depuis que j'ai quitté le capitaine avec qui je devois aller en Amérique ».

Nous remerciâmes l'écrivain provençal du
récit de ses aventures, et nous rentrâmes à la

Canée. Quelques jours après, le capitaine Moreau s'aperçut que les vents étoient changés; il fit aussitôt appareiller son bâtiment, et viser sa patente par le consul; il mit sur-le-champ à la voile, et sous peu nous arrivâmes à Pont-Mugai.

CHAPITRE LIII et dernier.

Séparation des deux associés. Arrivée du Voyageur à Paris : mort de son épouse. Ses regrets d'avoir quitté Samos. Les avantages qu'il auroit pu procurer au général Bonaparte, lors de son expédition en Egypte.

NOTRE ennuyeuse quarantaine étant achevée, une fois descendus sur le port, Delaunai et moi nous cherchâmes à nous défaire de nos raisins secs; nous vendîmes trente-six francs le quintal, ce qui nous revenoit à neuf francs les quarante - cinq livres pesant, poids de Smyrne, et chacun sait que le quintal de France porte celui de cent livres. Outre ce bénéfice, nous eûmes encore vingt-sept francs par quintal, sur quoi il y eut à déduire trois pour cent de nolisement, et trois cents livres pour notre passage.

Nous vendîmes ainsi toutes nos marchandises, et après avoir retiré chacun notre mise en fonds, le reste fut partagé.

Delaunai employa ses fonds à faire une pacotille pour se rendre en Amérique; il partit sur un bâtiment qui alloit à l'île St.-Pierre; son départ fit notre séparation, et je n'en ai plus entendu parler.

Il y avoit vingt jours que j'avois marqué à mon épouse qui étoit à Paris, mon arrivée à Pont-Mugai; lorsqu'elle reçut ma lettre, elle étoit si malade, qu'elle fut obligée de se servir de la main d'un ami pour me répondre. Je pris la poste pour me rendre plus vite auprès d'elle; mais ni les remèdes qui lui furent administrés, ni ma présence, ne purent la rendre à la vie; elle mourut poitrinaire, au bout de dix-huit mois de langueur et de souffrances.

Après sa mort, rien ne pouvoit m'attacher à Paris: j'eus quelque regret d'avoir quitté Samos, et les avantages qu'on m'y avoit proposés lors de mon premier voyage. Rien n'y manquoit à mes desirs, je jouissois de l'estime générale: je connoissois les usages, les mœurs de ce pays-là; j'avois voyagé en Egypte; j'avois parcouru les différentes régences de la Barbarie, la Syrie, la Macédoine, la Morée, l'Archipel, enfin toute la Turquie. Dans tous ces voyages, j'appris à parler les langues turque, grèque, italienne.

Après la mort de notre ambassadeur à Constantinople, M. de Peyssonel y fut nommé, et en remplit les fonctions par *interim* : j'étois assuré de sa protection, et la confiance qu'il avoit en moi étoit si grande, qu'il m'avoit chargé de parcourir les îles de l'Archipel, pour en faire un relevé exact, propre à corriger les fautes qui se trouvoient sur différentes cartes.

Il avoit eu outre conseillé à des négocians de Smyrne et de Constantinople, de me charger de la commission secrète de traiter avec des bachas, des agas et des mousselins de la Romélie et de la Natolie, et de les engager à nous permettre des chargemens en blé et en orge, malgré le firman du grand seigneur, qui en défendoit l'exportation sous peine de la vie. M. de Peyssonel connoissoit mes talens pour cet emploi ; il savoit que par le moyen des langues orientales que je parlois parfaitement, je pouvois gagner ces hommes avides de gain, et les faire consentir à tout, en leur montrant quelques rouleaux d'or.

Si le hazard eût voulu que je me fusse trouvé avec le général Bonaparte, lors de son expédition en Egypte, je me persuade que j'aurois pu lui être de quelque utilité; j'aurois engagé la plus grande partie des Grecs répandus dans l'Archipel, dans la Morée et même dans le continent oriental, à se ranger sous ses drapeaux, et à briser enfin le joug qu'ils portent depuis si longtemps et avec tant de regret.

FIN.

TABLE

DES MATIÈRES

Contenues dans ce Volume.

Fin de la Table des Matières.

www.ingramcontent.com/pod-product-compliance
Lightning Source LLC
Chambersburg PA
CBHW070803270326
41927CB00010B/2271